票据业务知识 100问

修订版

上海票据交易所 ◎ 编著

中国金融出版社

责任编辑：黄海清
责任校对：刘　明
责任印制：张也男

图书在版编目（CIP）数据

票据业务知识100问／上海票据交易所编著．— 修订本．— 北京：中国金融出版社，2020.10

ISBN 978-7-5220-0693-2

Ⅰ．①票… Ⅱ．①上… Ⅲ．①票据—业务核算—问题解答 Ⅳ．①F830.46-44

中国版本图书馆CIP数据核字（2020）第120962号

票据业务知识100问（修订版）
PIAOJU YEWU ZHISHI 100 WEN.XIUDING BAN

出版发行	中国金融出版社
社址	北京市丰台区益泽路2号
市场开发部	（010）66024766，63805472，63439533（传真）
网上书店	http://www.chinafph.com
	（010）66024766，63372837（传真）
读者服务部	（010）66070833，62568380
邮编	100071
经销	新华书店
印刷	北京市松源印刷有限公司
尺寸	169毫米×239毫米
印张	7.75
字数	80千
版次	2020年10月第1版
印次	2020年10月第1次印刷
定价	30.00元

ISBN 978-7-5220-0693-2

如出现印装错误本社负责调换　联系电话（010）63263947

一、综合类

>> 1. 票交所成立的背景是什么？对于促进我国票据市场发展，完善我国金融市场体系有何重要意义？　2
>> 2. 票交所的总体目标和未来发展规划是什么？　3
>> 3. 票交所作为中国人民银行指定的票据市场基础设施，为票据市场参与者提供哪些服务？　5
>> 4. 票据市场基础设施的系统架构是如何设计的？　5
>> 5. 票交所成立后的票据市场业务模式与传统票据市场的业务模式相比有哪些优势和创新？　6
>> 6. 票交所为完善票据市场价格形成机制进行了哪些创新？　7

>> 7. 票交所建立了哪些风险防控机制？对于防范和控制票据市场风险有何重要意义？　　8

二、系统参与者管理类

>> 8. 票交所系统参与者包括哪些机构？　　12
>> 9. 票交所系统参与者有哪些权利和义务？　　13
>> 10. 票交所系统的接入方式有哪些？　　14
>> 11. 金融机构法人如何申请接入票交所系统？　　14
>> 12. 分支机构申请接入票交所系统需要提交哪些材料？　　15
>> 13. 非法人产品申请接入交易系统需要提交哪些材料？　　17

三、登记托管类

>> 14. 系统参与者在中国票据交易系统上办理纸票承兑信息登记时，需要注意哪些事项？　　20
>> 15. 财务公司是否可以在中国票据交易系统上办理纸票承兑信息登记？　　20
>> 16. 在中国票据交易系统上办理纸票承兑信息登记时，上传的票据影像是否可以删除、修改和添加？　21

17. 在中国票据交易系统上办理纸票承兑信息登记时，发现信息录入有误如何处理？ 22

18. 承兑机构在中国票据交易系统上已办理纸票承兑信息登记，纸票尚未实际交付出票人或收款人之前，发现承兑信息登记有误，如何处理？ 22

19. 承兑机构在中国票据交易系统上已办理纸票承兑信息登记，且票据已启动后续业务后，发现承兑信息登记要素有误，应如何处理？ 23

20. 在中国票据交易系统上办理纸票"票据作废""未用退回"操作时，应遵循哪些相关业务规则？ 23

21. 在中国票据交易系统上办理纸票承兑信息登记、质押信息登记、贴现信息登记时，如果当日未复核，系统会作何处理？ 24

22. 在中国票据交易系统上办理纸质银票承兑信息登记时，承兑人开户行和解付行不一致，票据结清时应如何结清登记？ 24

23. 未贴现纸票线下兑付后，在中国票据交易系统上应如何操作？ 25

24. 未贴现的纸票在中国票据交易系统上办理质押信息登记时，需注意哪些事项？ 25

25. 未作质押解除登记的纸票，到期后如何处理？ 26

26. 已办理止付信息登记的纸质风险票据，承兑人开户行或者解付行应如何应答提示付款申请？ 26

27. 在中国票据交易系统办理挂失止付登记，12天期满之后是否会自动解除？ 27

- 28. 票据到期后，是否可以在中国票据交易系统办理挂失止付登记？　　27
- 29. 在中国票据交易系统中如何查询已办理止付信息登记的票据？　　27
- 30. 系统参与者在中国票据交易系统上办理纸票贴现信息登记时，有哪些注意事项？　　28
- 31. 在中国票据交易系统上办理纸票贴现信息登记时，发现信息登记有误，应如何处理？　　29
- 32. 贴现行在中国票据交易系统上办理纸票贴现影像信息，应包含哪些要素？　　30
- 33. 贴现行在中国票据交易系统办理纸票贴现信息登记时，被背书人栏处需要注意哪些事项？　　30
- 34. 贴现行在中国票据交易系统上发起查询之后，是否还需要大额支付系统查询查复？　　31
- 35. 贴现信息登记完成后，中国票据交易系统是否会自动向解付行发起承兑付款确认？　　31
- 36. 如何查询承兑付款确认审批结果？　　32
- 37. 如何处理承兑付款确认流程中的待处理任务？　　33
- 38. 哪些情况下解付行可以选择"审批拒绝"？　　34
- 39. 票据保证行为和票据保证增信行为有什么区别？　　34
- 40. 中国票据交易系统中，票据线下追索库存变更有哪些处理规则？　　35
- 41. 中国票据交易系统中，票据办理转贴现后是否还可以办理库存移库？　　36

42. 中国票据交易系统中，纸票承兑保管退票有哪些处理规则？　36

43. 系统参与者如何办理止付信息登记？未作解除止付登记的票据，是否可以办理追偿等其他业务？　37

44. 贴现行上传影像中缺少"票据贴现凭证"影像，解付行是否可以以此为由拒绝付款？　37

45. 中国票据交易系统对票据到期托收的处理规则有哪些？　38

46. 中国票据交易系统内票据权利人的追偿顺序是什么？　38

47. 已贴现未到期的票据，贴现机构如何发起提前提示付款？　39

48. 电子商业汇票系统中，什么情况下可以发起非拒付追索？　39

49. 电子商业汇票系统中，电票拒付后是否可以发起非拒付追索？　40

50. 电子商业汇票系统中，"非拒付追索已撤销"状态的电票是否可以发起提示付款？　40

51. 电子商业汇票系统中，持票人可以向承兑人发起非拒付追索吗？　41

52. 票据状态为"非拒付追索待清偿"和"非拒付追索同意清偿待签收"时，电子商业汇票系统中票据撤销规则有哪些？　41

53. 电子商业汇票系统中，非拒付追索的时效是多久？　42

54. 票据托管的主要内容是什么？　42

55. 什么是票据托管账户？票据托管账户开立的原则是什么？ 43

56. 票据托管账户的记账科目分类？ 44

57. 权属初始登记主要有哪些内容？ 44

58. 变更登记主要有哪些内容？ 45

59. 在什么情况下系统参与者可申请提前回购？如何办理？ 45

60. 系统参与者申请逾期回购需要满足什么条件？如何办理？ 47

61. 什么情况下可以办理票据非交易过户？如何办理？ 48

62. 注销登记主要发生在哪些业务场景？ 49

63. 贴现通业务的定义是什么？ 50

64. 贴现通业务的参与主体是谁？ 50

65. 贴现通（一期）业务流程是怎样的？ 51

66. 用于办理贴现通业务的票据需要符合哪些条件？ 51

四、交易类

67. 在票交所开展交易应完成哪些准备工作？应注意哪些问题？ 54

68. 票交所的交易时段是怎样的？在不同时段分别能进行哪些系统操作？ 54

69. 哪些类型的金融资产可以在票交所进行交易？ 55

70. 票交所提供哪些交易品种？与传统票据市场相比有哪些创新之处？ 56

71. 票交所提供哪些交易方式？与传统票据市场相比有哪些创新之处？ 57

72. 票交所将实现票据全生命周期管理，其核心业务流程是怎样的？ 58

73. 在票交所交易的资产有哪些增信措施？ 58

74. 票交所应急服务的概念是什么？ 59

75. 应急服务中"应急撤销"一般包含几种情形？ 60

76. 在票交所模式下，完整的票据交易合同包括哪些组成部分？ 60

77. 票据转贴现交易包括哪些交易要素？ 61

78. 票据质押式回购交易包括哪些交易要素？ 61

79. 票据买断式回购交易包括哪些交易要素？ 62

80. 票据质押式回购和买断式回购的具体区别是什么？分别有哪些主要特点？ 62

81. 再贴现是否需要通过票交所的再贴现业务系统办理？再贴现业务系统提供哪些功能？ 64

82. 询价交易方式的含义是什么？包括哪些报价方式？基本交易流程是怎样的？ 64

83. 点击成交的含义是什么？基本交易流程是怎样的？适用于哪些交易品种？ 66

84. 匿名点击的含义是什么？基本交易流程是怎样的？适用于哪些交易品种？ 67

85.《票据交易管理办法》规定票据市场参与者包括哪几类？覆盖哪些机构类型？需要符合哪些条件？　　68

86.《票据交易主协议（2016年版）》包含哪些主要内容？对于我国票据市场发展有何重要意义？　69

87.《票据交易主协议（2016年版）》关于持票人部分放弃追索权的约定应当如何理解？　　71

88.《票据交易主协议（2016年版）》如何认定票据交易中的违约和终止事件？如果发生交易违约应如何处理？　　73

89.《上海票据交易所票据交易规则》包含哪些主要内容？对于票据交易的规范和创新有何重要意义？　　75

五、清算结算类

90. 票交所支持使用的资金清算路径有哪几种？分别适用于哪类金融机构？　　78

91. 申请开立票交所资金账户需要提供哪些材料？　　79

92. 票交所资金账户对绑定的出金账户有哪些要求？　　81

93. 如何办理资金账户注销手续？　　82

94. 通过大额支付系统直参行清算账户完成票据业务资金清算的金融机构，如何获取资金清算信息？　82

- 95. 票据业务资金结算的范围包括哪些？　83
- 96. 清算速度、清算类型和最晚结算时间是如何确定的？　83
- 97. 票交所提供哪些票据业务结算方式？　84
- 98. 中国票据交易系统客户端向系统参与者提供哪些清算结算功能？　85
- 99. 票交所资金账户持有人如何办理出、入金业务？　86
- 100. 票交所资金账户计息及付息规则有哪些？　87
- 101. 单笔业务中多张票据的结算规则有哪些？　87
- 102. 票交所如何判断结算失败？　88
- 103. 机构是否能通过清算结算模块下的"账户资金查询"查询该机构资金账户余额及明细情况？　90
- 104. 什么是"票付通"业务？　90
- 105. "票付通"业务的主要功能有哪些？　91
- 106. 哪些机构可以接入"票付通"？　92
- 107. 如何接入"票付通"？　93
- 108. 已开通"票付通"业务的合作金融机构有哪几家？　93

六、信息统计及法律类

- 109. 票交所为市场提供哪些数据统计服务？　96
- 110. 票交所后续可以为市场参与者提供哪些信息产品？　97

- 111. 什么是票据收益率曲线，有何作用？ 98
- 112. 票据估值是什么，受到哪些因素的影响？ 99
- 113. 票据市场价格指数是什么，对票据市场交易会产生什么影响？ 100
- 114. 电子商业汇票法定提示付款期间是什么？持票人如果未在法定期间提示付款将产生什么法律后果？ 101
- 115. 承兑人对电子商业汇票持票人提示付款的应答期限是什么？承兑人未应答的，接入机构的应答期限是什么？ 102
- 116. 票据权利的行使期限是什么？如果持票人未及时行使的话会产生什么法律后果？ 103
- 117. 票据电子形式背书是指什么？其法律效力如何？纸票电子形式背书后如何完成交付？ 104
- 118. 票据债务人的范围和责任有哪些？ 104
- 119. 票据追索权的概念是什么？被追索对象有哪些？ 105
- 120. 持票人在哪些情况下可以进行追索，追索权应如何行使？ 106
- 121.《票据交易管理办法》规定票据到期后的偿付顺序是什么？ 107
- 122. 非法人类参与者开展票据交易如何承担法律责任？ 108
- 123. 哪些票据欺诈行为须承担刑事责任？ 109

后记 111

一、综合类

Question 1

票交所成立的背景是什么？对于促进我国票据市场发展，完善我国金融市场体系有何重要意义？

票据市场是中国发展最早的市场之一，一直呈现自发生长特征。近年来，我国票据市场持续发展，规模扩大，参与者增多，创新活跃，已经成为我国货币市场的重要组成部分。随着票据市场的发展扩大，特别是票据融资工具属性的增强，票据市场缺乏统一的组织管理和顶层设计在一定程度上导致票据市场透明度低、交易成本高、效率低下，也使监管部门无法及时、准确地把握票据市场运行情况，潜藏风险。因此，有必要夯实票据市场基础设施，建设全国统一的票据交易平台，促进票据市场规范健康发展。2016年12月8日，上海票据交易所（以下简称票交所）正式挂牌成立，标志着全国统一的票据交易平台就此问世。

票交所的建设和发展对于票据市场的发展意义深远。一是有利于规范票据市场业务，防范风险。通过消除信息壁垒和地域限制，有效提升市场透明度，提高票据流转效率，有效抑制票据业务中的不规范行为，有助于风险防控。二是有利于增强票据市场对实体经济的支持作用。全国统一的票据交易平台不仅能有效缩减交易中间环节，提高交易效率，而且有助于缩短融资链条，降低企业融资成本和难度。三是有利于更好地服务于中央银行货币政策操作与传导,促进中央银行票据管理职责的具体落实,维护金融安全。四是有利于票据市场制度建设。通过一系列的机制设计增强票据信用,可进一步消除信息不对称,有效降低票据业务各环节中潜在的操作风险、道德风险、信用风险,降低票据市场整体风险。五是有利于推动票据业务规范创新,发展适应现代企业资金融通管理和监管要求的票据创新产品。

Question 2

票交所的总体目标和未来发展规划是什么?

票交所将紧紧围绕服务实体经济、防控金融风险、深化金融改革三项任务,坚持回归本源、优化结构、强化监管、市场导向四项原则,把为实体经济服务作为出发点和落脚点,以防范风险为核心,不断完善制度,全力提升服务的精细化和专业化水平,打造综合性的票据市场基础设施服务体系。全面践行"团结、高效、创新、奉献"的企业精神,发挥公司在促进票据市场改革发展中的引领作用,将票交所建设成为我国票据领域的登记托管中心、交易中心、创新发展中心、风险防控中心、数据信息研究中心。

一是防范风险,促进市场安全稳定高效运行。逐步实现对纸票、电票的统一管理和系统融合。构建环节完整、流程顺畅、权责明晰的运行管理体系。逐步将票据全生命周期纳入票交所系统管理,防范和化解票据业务各环节的风险。

二是提升服务,增强为实体经济服务的能力。建立综合服务体系,全面提升服务质量。在防范风险的前提下有序创新,以创新促发展,以创新促服务。有序拓展票据市场内涵和外延,促进供给侧结构性改革。

三是服务货币政策,促进宏观调控。配合中央银行货币政策调控,为再贴现业务等政策手段提供助力,努力实现对中小企业等经济社会发展的重点领域和薄弱环节的精准支持,促进实体经济发展。

四是完善制度,为市场规范发展创造有利环境。发挥好培育市场、规范市场、引领市场、发展市场的作用,推动完善票据市场法律法规体系,优化票据市场配套制度,推动监管协调,促进票据市场法治建设。

五是推动行业自律,培育健康市场氛围。构建票据市场自律管理机制,形成对行政监管的有效补充。建立完善票据市场监测管理体系,有效防控风险。对票据市场参与者开展普及教育,提高参与者业务素质。围绕票据市场热点、重点问题开展前瞻性研究。

六是应用科技革新,提升票据市场功能作用。探索区块链、云计算、大数据等前沿科技在票据市场中的应用,以科技进步推动票据市场提质增效。

Question 3

票交所作为中国人民银行指定的票据市场基础设施，为票据市场参与者提供哪些服务？

票交所为票据市场参与者提供票据登记托管、报价交易、清算结算、风险管理、信息服务及中国人民银行认可的其他服务，同时为中国人民银行货币政策再贴现操作等提供实施平台。

Question 4

票据市场基础设施的系统架构是如何设计的？

票据市场基础设施（即票交所）系统目前包括中国票据交易系统和电子商业汇票系统。其中，中国票据交易系统是依托网络和计算机技术，向交易成员提供询价、报价、成交及登记、托管、清算、无纸化托收等其他交易辅助服务的业务处理平台，目前包括会员管理子系统、纸票业务处理子系统、电票业务处理子系统、核心交易子系统、登记托管子系统、清算结算子系统、计费子系统以及统计监测子系统八个子系统。电子商业汇票系统是依托网络和计算机技术，接收、存储、发送电子商业汇票数据电文，提供与电子商业汇票货币给付、资金清算行为等相关服务的业务处理平台。

中国票据交易系统与电子商业汇票系统有机结合，和大额支付系统、会员内部系统以及其他相关系统相连接，实现商业汇票出票、背书转让、质押、保证、登记托管、报价交易、清算结算等业务信息传递和数据交互。

Question 5

票交所成立后的票据市场业务模式与传统票据市场的业务模式相比有哪些优势和创新？

一是传统票据市场是区域分割的，票交所成立后票据市场是全国统一的。传统票据市场没有全国统一的登记、托管、交易、结算机构，因此在不同地区、不同机构间形成实质性的割裂，导致严重的信息不对称，推高了交易成本。票交所建立了全国统一的电子化交易系统和业务规则体系，有效解决了信息不对称，提高了市场效率。二是传统票据市场以纸票为主，票交所成立后票据业务趋向无纸化、电子化。票交所成立前，票据市场呈现纸电票并存、纸票为主的局面。票交所成立后，对各类票据实施电子化的业务处理，票据业务趋向无纸化，有效降低了操作风险。三是传统票据市场信息不透明，票交所成立后票据市场业务趋向标准化、透明化、规范化。传统票据市场业务模式的不标准和信息的不透明给一些市场机构进行监管套利、开展违法违规活动提供了空间。票交所成立后，票据市场采用线上交易，票款对付，业务流程标准化，数据公开透明，有效压缩了监管套利和违法违规活动的空间，票据市场业务更加规范化。

Question 6

票交所为完善票据市场价格形成机制进行了哪些创新？

一是引入"票据信用主体"的概念，即贴现后票据如参与票据交易，信用主体明确为承兑行、贴现行、保证增信行中信用级别最高的主体。信用主体的唯一性将促进交易员作出交易判断和决策，便利票据定价。同时，票交所提供挑票、打包等功能，通过自主标的组合，实现票据交易标的标准化，有助于提高交易效率。二是引入多元化的市场主体。在过去已有的银行类市场成员的基础上，明确非银机构、非法人产品等货币市场参与者均可参与票据交易，拓展了票据市场的广度和深度。三是设计了符合票据市场发展特点和发展趋势的交易方式。票据市场属于场外市场，具有参与主体为合格机构投资者、交易频率较低、单笔交易金额较大等特点，客观上要求票据交易平台采用以询价为主的交易方式，同时也引入点击成交、匿名点击等交易方式，显著提升票据交易效率和透明度。

Question 7

票交所建立了哪些风险防控机制？对于防范和控制票据市场风险有何重要意义？

有效防范风险、促进票据市场规范发展是票交所成立的初衷。所以，在整体业务框架搭建和制度流程设计之初，票交所就特别注意结合此前票据市场出现的问题，有针对性地建立相应的风险防控机制，有效堵塞漏洞，寓管理于服务之中。主要构建了风险防控的八道防线：

一是严格市场准入。票交所严格执行中国人民银行《票据交易管理办法》（中国人民银行公告〔2016〕第29号），对系统参与者的准入有严格的要求，为票据市场风险防范构筑了第一道防线。

二是提升票据业务的电子化水平。纸票贴现后的交易、清算、托收、追索全部在线上完成，不仅提高了票据流转效率，而且大大降低了实物票据流转的操作风险。

三是实现了统一的电子平台交易。不仅大大提升了信息透明度，抑制了票据业务中的不规范行为，而且也有效实现了信息集中，为市场监测和监管提供了重要基础。

四是实现对票据业务全生命周期管理。为商业银行有效辨别票据真伪提供了系统保障，也杜绝了一票多用、一票多贴、变造克隆等不规范操作带来的风险，同时实现了票据信息的有效集中，为票据市场一线监测和大数据分析提供了重要的技术保障。

五是推动业务标准的统一。制定了业务成交单等标准合同文本，有效避免了票据交易中交易规则不统一带来的纠纷，有效保护了交易双方的合法权益。

六是实现了票款对付的结算方式。通过与人民银行大额支付系统的连接，实现了票款对付，显著提升了清算效率，消除了票据交割和资金划付的时间差，"一手交钱、一手交货"，杜绝了票据"打飞"现象。

七是组织制定《票据交易主协议（2016年版本）》。明确了7大类近40种违约情形以及处理流程，提高了违

约处理效率,保障了各方责任履行和权利实现的有效性。

八是探索建立票据市场风险一线监测机制。通过建立票据市场风险监测与预警指标体系等监测措施,加强票据市场一线监测,维护票据市场秩序和稳定。

二、系统参与者管理类

Question 8 票交所系统参与者包括哪些机构？

票交所系统参与者是指直接接入票交所系统，通过票交所系统开展票据相关业务的金融机构法人、分支机构、非法人产品等主体。

票交所系统参与者主要包括：

（1）法人类参与者。指金融机构法人，包括政策性银行、商业银行及其授权分支机构、农村信用社、企业集团财务公司、信托公司、证券公司、基金管理公司、期货公司、保险公司等经金融监督管理部门许可的金融机构。

（2）非法人类参与者。指金融机构等作为资产管理人，在依法合规的前提下，接受客户的委托或者授权，按照与客户约定的投资计划和方式开展资产管理业务所设立的各类投资产品，包括证券投资基金、资产管理计划、银行理财产品、信托计划、保险产品、住房公积金、社会保障基金、企业年金、养老基金等。

（3）中国人民银行确定的其他市场参与者。

Question 9

票交所系统参与者有哪些权利和义务？

（1）系统参与者享有下列权利：

①使用票交所提供的业务终端、直连接口等设施接入票交所系统；

②获得票交所提供的票据市场实时行情、票据状态等相关信息；

③通过票交所系统开展相关业务、查询业务信息，获取票交所发布的相关政策制度；

④参加票交所举办的培训、沙龙、会议，获得票交所提供的其他服务；

⑤双方约定的其他权利。

（2）系统参与者应当履行下列义务：

①遵守票交所的章程和各项规章制度；

②确保向票交所报送的信息和资料真实、准确、完整；

③承担票据业务相关的结算、交收和其他付款责任；

④配合票交所开展相关工作，积极参加票交所组织的各项活动；

⑤双方约定的其他义务。

Question 10

票交所系统的接入方式有哪些？

金融机构接入中国票据交易系统（以下简称交易系统）可通过客户端或以直连方式接入；接入电子商业汇票系统（以下简称电票系统）仅可以直连方式接入。

直连方式分为自主直连接入和集中直连接入。系统参与者可自主选择直连方式，但只能以一种直连方式接入票交所系统。

（1）自主直连接入是指金融机构通过自有系统直连接入票交所系统的接入方式。

（2）集中直连接入是指金融机构通过集中接入技术服务机构直连接入票交所系统的接入方式。

Question 11

金融机构法人如何申请接入票交所系统？

根据《关于发布〈上海票据交易所系统接入指引

（2020年版）〉的公告》（票交所公告〔2020〕1号）：

（1）金融机构申请客户端接入交易系统，按《中国票据交易系统网络接入指南》，开通至票交所数据中心的两条有效通信专线；按《金融机构法人申请接入票交所系统材料清单》提交申请材料。

（2）已通过客户端接入交易系统的金融机构：

①申请自主直连接入交易系统，根据票交所发布的交易系统直连接口规范完成系统开发，并按《上海票据交易所系统接入测试及接入验收规范》自行选择验收窗口向票交所申请测试及验收。

②申请集中直连接入交易系统，无须申请测试及验收，直接向票交所提交《中国票据交易系统直连上线投产报文清单（集中接入）》、集中接入技术服务机构出具的同意为其提供集中接入服务的书面材料。

（3）金融机构申请自主直连或集中直连接入电票系统，按《金融机构法人申请接入票交所系统材料清单》提交申请材料。

Question | 12

分支机构申请接入票交所系统需要提交哪些材料？

根据《关于发布〈上海票据交易所系统接入指引

（2020年版）〉的公告》（票交所公告〔2020〕1号），分支机构申请接入票交所系统，应以法人为单位提交申请材料：

（1）申请材料清单：

①新增系统参与者（分支机构）申请表；

②营业执照复印件；

③中国票据交易系统信息导入表；

④无营业执照的分支机构（如××银行××分行票据业务部），其机构全称应按大额支付系统行名填报，并由法人机构按《关于中国票据交易系统参与者机构名称自查有关事项的通知》（票交所发〔2017〕25号）要求出具授权书；

⑤财务公司分支机构待生效行名行号有关材料（由人民银行省级分支机构出具，无大额支付系统行名行号的财务公司分支机构需提供）。

（2）申请材料要求：

①分支机构申请接入交易系统的，应提交上述材料清单中第①至第④项；

②分支机构申请接入电票系统的，应提交上述材料清单中第①、第②及第⑤项；

③分支机构同时申请接入交易系统及电票系统的，应提交上述材料清单中第①至第⑤项。

上述材料均应加盖法人机构公章。

Question 13

非法人产品申请接入交易系统需要提交哪些材料?

根据《关于发布〈上海票据交易所系统接入指引（2020年版）〉的公告》（票交所公告〔2020〕1号），非法人产品申请接入交易系统，应以管理人为单位提交申请材料：

①新增系统参与者（非法人产品）申请表；

②中国票据交易系统信息导入表；

③产品在相关金融监督管理部门的批准或备案文件；

④已签署的《票据交易主协议（2016年版）》签署页；

⑤产品相关合同协议复印件；

⑥根据《上海票据交易所系统参与者资金账户业务操作规程》（票交所发〔2017〕71号）提交"上海票据交易所资金账户开户/变更申请表（非法人产品）"；

⑦产品于托管行开立托管账户的开户申请表复印件，托管行的托管账户名称须与非法人产品名称一致；

⑧托管账户在人民银行备案文件（包含"人民币银行结算账户管理系统"截图）；

⑨若⑧中在人民银行备案的托管账户名称与⑦托

管行的托管账户名称不一致,由托管行总行出具托管账户相关情况说明纸质材料(加盖托管行总行公章或总行部门公章),加盖总行部门公章的,另需由托管行(分行)通过大额支付系统自由格式报文向票交所报送托管账户情况说明。

上述材料均应加盖法人机构公章。

三、登记托管类

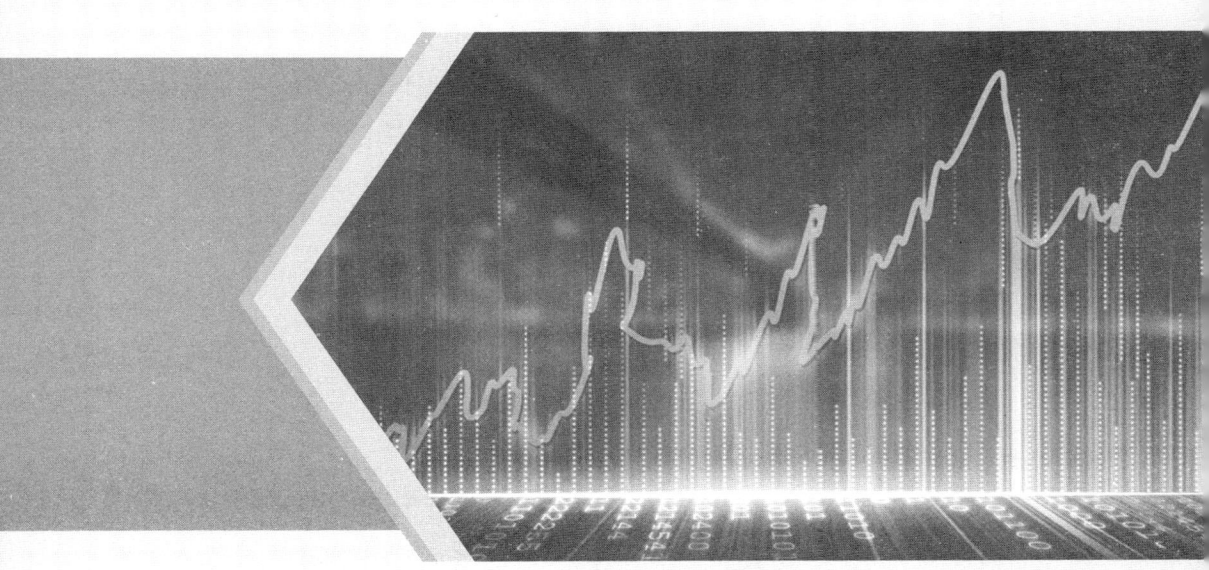

Question 14

系统参与者在中国票据交易系统上办理纸票承兑信息登记时,需要注意哪些事项?

注意事项包括:纸质银票的承兑人应在不晚于办理承兑后的次一工作日办理承兑信息登记,完成承兑信息登记前不得向出票人交付已承兑票据。纸质商票的付款人应在出票后委托其开户行进行承兑信息登记。承兑信息登记上传的票据影像,复核通过后不得修改和删除;发生影像模糊或漏传、误传影像文件等情况时,应重新上传补充影像进行补充或更正(《上海票据交易所纸质商业汇票业务操作规程》(票交所发〔2017〕17号)第十四条、第二十条,以下简称《操作规程》)。

Question 15

财务公司是否可以在中国票据交易系统上办理纸票承兑信息登记?

(1)大额支付系统的参与者类别为"05开户特许直接参与者"且已开立清算账户的财务公司,可以自行办理承兑信息登记。

（2）大额支付系统的参与者类别为"07间接参与者"且未在大额支付系统开立清算账户的财务公司，可向票交所申请自行办理承兑信息登记。申请流程详见**《企业集团财务公司在中国票据交易系统办理纸质商业汇票承兑信息登记业务的通知》**（票交所发〔2017〕49号）。

（3）无大额支付系统行号的财务公司，应委托其开户银行办理承兑纸质商业汇票的承兑信息登记。

Question | 16

在中国票据交易系统上办理纸票承兑信息登记时，上传的票据影像是否可以删除、修改和添加？

承兑信息登记上传的票据影像，复核通过后不得修改和删除。发生影像模糊或漏传、误传影像文件等情况时，应重新上传补充影像进行补充更正（《操作规程》第二十条）。

> Question | 17
>
> 在中国票据交易系统上办理纸票承兑信息登记时,发现信息录入有误如何处理?

承兑信息登记机构经办人员已提交但尚未复核的,复核人员可退回至经办人员修改或删除,修改完成后再次提交复核人员复核。

对于已经通过复核,而后发现承兑信息登记有误的,无法进行修改(《操作规程》第十九条、第二十一条)。

> Question | 18
>
> 承兑机构在中国票据交易系统上已办理纸票承兑信息登记,纸票尚未实际交付出票人或收款人之前,发现承兑信息登记有误,如何处理?

已复核的纸票承兑信息,原信息登记机构不得更改承兑信息。在票据未发生后续其他业务前,如发现承兑信息登记有误,可在"承兑信息登记撤回"菜单中选择"信息作废",完成撤回动作后该票据可重新办理承兑信息登记。

三、登记托管类

Question | 19

承兑机构在中国票据交易系统上已办理纸票承兑信息登记,且票据已启动后续业务后,发现承兑信息登记要素有误,应如何处理?

系统参与者在中国票据交易系统办理质押信息登记、贴现信息登记等其他业务时发现纸票承兑信息登记错误,应通知原承兑信息登记机构。原承兑信息登记机构应向票交所场务申请登记信息变更。

对于票据关键信息有误的,承兑信息登记机构立申请登记信息作废;票据出票人和收款人信息有误的,信息登记机构可向票交所提交"纸票登记信息修改申请表"申请办理纸票登记信息修改。

Question | 20

在中国票据交易系统上办理纸票"票据作废""未用退回"操作时,应遵循哪些相关业务规则?

办理"票据作废"和"未用退回"的票据,相应的票据号码不得再重复用于新增的承兑信息登记。

办理"信息作废"的票据,相应的票据号码可重复

用于新增的承兑信息登记。纸票在到期日前后均可办理"未用退回"操作。

Question 21

在中国票据交易系统上办理纸票承兑信息登记、质押信息登记、贴现信息登记时，如果当日未复核，系统会作何处理？

已提交、未复核的承兑登记信息、质押登记信息，中国票据交易系统将在下一个（T+1）工作日日终清理未及时复核的录入信息。

已提交、未复核的贴现登记信息，中国票据交易系统将在登记日起第三个工作日日终清理未及时复核的录入信息。

Question 22

在中国票据交易系统上办理纸质银票承兑信息登记时，承兑人开户行和解付行不一致，票据结清时应如何结清登记？

银票的付款确认应答、提示付款应答以及相应的解付操作，都由解付行进行。结清登记也由解付行进行操作。

Question 23

未贴现纸票线下兑付后，在中国票据交易系统上应如何操作？

未在票交所系统进行贴现信息登记的票据，付款行或付款人收到提示付款并支付票款后，付款行或付款人开户行应在票交所系统进行结清信息登记（《操作规程》第九十八条）。

Question 24

未贴现的纸票在中国票据交易系统上办理质押信息登记时，需注意哪些事项？

系统参与者作为质权人应严格审核票据，在票据实物背书记载"质押"字样，并应在不晚于业务办理后至迟下一个（T+1）工作日内在中国票据交易系统录入完整的质押信息登记要素。

Question 25

未作质押解除登记的纸票,到期后如何处理?

质权行在票据到期日后办理企业质押解除登记,解付行付款后在中国票据交易系统可直接作结清登记。

Question 26

已办理止付信息登记的纸质风险票据,承兑人开户行或者解付行应如何应答提示付款申请?

承兑人开户行或解付行在对风险票据进行提示付款应答时,只能应答为拒绝;如应答为同意,系统将提示"所选票据中包含风险票据,请重新选择"。

> **Question | 27**
>
> 在中国票据交易系统办理挂失止付登记，12天期满之后是否会自动解除？

目前中国票据交易系统不会自动解除挂失止付登记，需系统参与者手动操作"解除挂失止付登记"。

> **Question | 28**
>
> 票据到期后，是否可以在中国票据交易系统办理挂失止付登记？

可以。

> **Question | 29**
>
> 在中国票据交易系统中如何查询已办理止付信息登记的票据？

（1）已贴现信息登记的票据持票人可在"票据状态

查询"模块中查询到相关票据的止付登记信息。

（2）系统参与者可在"止付信息新增查询"模块中查询到除当日登记外的所有系统参与者新增录入止付信息登记情况。

（3）贴现机构可以在"票据信息查询"模块中输入待贴现票据的信息要素，可查询到票据的基本信息，其中包括止付登记信息。

Question 30

系统参与者在中国票据交易系统上办理纸票贴现信息登记时，有哪些注意事项？

（1）应通过在中国票据交易系统录入票据标识信息的方式，查询已登记的票据承兑信息。信息不存在或票据关键信息与票据实物记载不一致的，不得办理贴现登记。

（2）票据的被背书人栏应注明贴现机构名称，票据背书栏应加盖电子登记权属章（《操作规程》第三十二条）。

（3）贴现信息登记单笔录入时，可通过模糊查询并选择大额支付系统行名行号库内的行号信息，录入"贴出人开户行行号"；批量导入时，需录入有效的大额支付系统行号，如检查不通过，系统将驳回登记申请。

（4）票据到期日及之后可办理贴现登记，票据状态变更为"已逾期"，流转阶段为"票据已逾期"。

Question 31

在中国票据交易系统上办理纸票贴现信息登记时，发现信息登记有误，应如何处理？

贴现登记机构可在纸票"未发生任何业务、业务发起后发起方撤回、业务发起后应答方拒绝"三种场景下办理贴现登记撤回业务。

其中，业务发起后被发起方撤回的业务场景包括库存移出撤回、手动发起的付款确认申请撤回、保证增信撤回、贴现后保证撤回、贴现后质押撤回、提前提示付款撤回、非交易过户申请撤回；业务发起后被应答方拒绝的业务场景包括库存移入拒绝、付款确认拒绝、保证增信拒绝、贴现后保证拒绝、贴现后质押拒绝、非交易过户拒绝。

Question 32

贴现行在中国票据交易系统上办理纸票贴现影像信息，应包含哪些要素？

贴现行必须上传的影像信息包括贴现票据正面、贴现票据背面及全部背书（含"电子登记权属章"）；

非必须上传的影像信息包括票据贴现凭证、背书不连续的证明（若有）、其他补充影像。

Question 33

贴现行在中国票据交易系统办理纸票贴现信息登记时，被背书人栏处需要注意哪些事项？

贴现行需在被背书人栏中注明贴现机构名称，并在票据背书栏加盖电子登记权属章（须有"已电子登记权属"字样及12位支付系统行号）。票据被背书人栏如记载已满，需使用粘单时，贴现行需在骑缝处加盖汇票专用章、法定代表人或其授权的代理人名章后，在粘单背书人栏加盖电子登记权属章。

Question 34

贴现行在中国票据交易系统上发起查询之后,是否还需要大额支付系统查询查复?

大额支付系统查询、实地查询等方式是人民银行以文件通知形式规定的查询查复方式。通过中国票据交易系统查询承兑登记信息,是在贴现行办理贴现业务时,为贴现行判断票据真伪提供的辅助交叉判断手段。贴现行应按照人民银行相关文件和票交所操作规程做好查询查复工作[《中国人民银行关于完善票据业务制度有关问题的通知》(银发〔2005〕235号)]。

Question 35

贴现信息登记完成后,中国票据交易系统是否会自动向解付行发起承兑付款确认?

贴现行完成贴现信息登记后,贴现行可以在登记完成后当日(T日)手动发起付款确认。如T日未手动发起付款确认申请,中国票据交易系统会在下一个(T+1)工作日自动向解付行发起影像确认申请。

已手动发起付款确认影像验证申请，或者在中国票据交易系统下一个（T+1）工作日自动发起影像确认申请流程，但尚未应答的票据，不能手动再次发起实物验证申请流程，可以在主动办理付款确认撤回后再重新发起申请流程；票据到期日前一天付款确认申请方和应答方仍可继续撤回或应答；中国票据交易系统自动发起的承兑付款确认申请流程有效期为3个工作日，付款行如果没有对付款确认影像验证申请进行应答，则视同审批拒绝（需实物验证），付款确认流程退回至票据当前库存保管行，可由保管行手动发起承兑付款确认申请。

Question 36

如何查询承兑付款确认审批结果？

票据保管行、解付行可以通过"承兑付款确认状态查询"来确认票据付款确认审批结果。

Question 37

如何处理承兑付款确认流程中的待处理任务?

保管行经办操作员选择"待处理"模块,选择审批结果类型("需补录影像"或"需实物验证"),点击"查询"按钮查询票据明细清单。系统默认审批结果显示为"需补录影像"。

(1)若审批结果是"需补录影像"。点击票据号码链接,可对该票据进行影像文件的维护,维护完成后退回待处理画面,勾选列表中的票据并点击"确认"。

当待处理任务的付款确认类型是"影像验证"时,操作员可选择验证方式为"影像验证",仍发起影像确认,操作员也可选择验证方式为"实物验证",直接发起实物确认申请,并在线下向解付行移送票据实物。

当待处理任务的付款确认类型是"实物验证"时,无须选择验证方式,直接点击"确认"按钮,重新发起承兑付款确认申请。

(2)若审批结果为"需实物验证"。在待处理页面,点击"确认"按钮,重新发起承兑付款确认申请。

Question 38

哪些情况下解付行可以选择"审批拒绝"？

解付行收到实物付款确认申请和票据实物后，如经审验认为票据实物为假票，解付行应选择应答类型为"审批拒绝"。

解付行需注意的是：当票据关键信息准确性和票据真实性无异议时，如遇到单位印章、法定代表人或其授权的代理人签章、被背书人名称、骑缝章不清晰等情况（指达到一般注意义务无法辨别的标准），解付行可通过"需补录影像"要求持票行完善影像信息，解付行不得以背书不连续为由对付款确认申请作审批拒绝处理。

Question 39

票据保证行为和票据保证增信行为有什么区别？

票据保证行为是指票据债务人以外的第三人以增强票据债务人信用为目的，而在票据上所作出的担保票据债务人债务履行的意思表示。

票据保证增信行为是指对纸票进行保管，并对贴现人的偿付责任进行先行偿付的行为，是《票据交易管理办法》中引入的创新概念。

二者都是对票据债务人的保证，区别在于，首先票据保证增信人应先于被保证人承担偿付责任，其次票据保证增信人还应对纸票进行保管并按照票交所规则进行付款确认的相关操作。

Question | 40

中国票据交易系统中，票据线下追索库存变更有哪些处理规则？

贴现行发起线下追索后，若为纸票，库存状态变更为"线下出库"；若为电票，库存状态保持不变，仍为"已承兑保管"。

贴现行发起纸票的线下追索后，可由贴现行办理线下追索偿付登记，或由解付行办理追索结清登记。贴现行线下追索偿付登记成功后或解付行办理追索结清登记成功后，库存状态由"线下出库"变更为"销库"。

Question 41

中国票据交易系统中,票据办理转贴现后是否还可以办理库存移库?

票据办理转贴现后,可在与其同一会员的其他系统参与者间办理库存移库。

Question 42

中国票据交易系统中,纸票承兑保管退票有哪些处理规则?

解付行在对库存票据办理承兑保管退票时,仅可选择"退回瑕疵票据""退回公示催告票据""退回线下追偿票据"。

当选择"退回瑕疵票据"时,票据由交易系统自动默认退回给最后一手付款确认申请的发起机构;当纸票的风险状态为"公示催告"时,可选择"退回公示催告票据",交易系统自动默认退回给票据的当前持票人;当纸票的持票人为贴现行,且票据流转阶段为"提示付款已确认拒付""拒付追索扣款成功",可选择"退回线下追偿票据"，交易系统自动默认退回给票据的贴现行。

Question | 43

系统参与者如何办理止付信息登记？未作解除止付登记的票据，是否可以办理追偿等其他业务？

承兑行或承兑人开户行于票据到期前收到止付通知，应于当日在中国票据交易系统进行止付信息登记。已在中国票据交易系统进行止付信息登记且未作解除止付登记的票据，不得办理除提示付款和追偿外的其他票据业务。已登记为公示催告且未解除的票据不得办理追偿。

Question | 44

贴现行上传影像中缺少"票据贴现凭证"影像，解付行是否可以以此为由拒绝付款？

贴现凭证是贴现环节的要件，并不属于付款时应审查的要件,因此解付行不能以缺少"票据贴现凭证"影像拒绝付款。

Question 45

中国票据交易系统对票据到期托收的处理规则有哪些?

中国票据交易系统在票据到期日当天10:00自动向票据解付行发起提示付款,对于因清算失败导致系统自动拒付的,持票人可自下一个工作日起手动发起提示付款;对于被解付行拒付的,持票人可在被拒付当日重新手动发起提示付款。

Question 46

中国票据交易系统内票据权利人的追偿顺序是什么?

票据到期日当天,系统自动发起提示付款,被解付行拒付或解付行同意付款但清算失败的,持票人可以在拒付或清算失败的次工作日起发起追偿，追偿顺序依次为保证增信行、贴现行、贴现保证行。当保证增信行或贴现保证行付款取得票据权利后，可再发起追索申请，直接追索贴现行；当持票人为贴现行时，仅可发起线下追索。已发起过追偿的票据，持票人不能再选择手动发起提示付款。

Question | 47

已贴现未到期的票据，贴现机构如何发起提前提示付款？

贴现机构可通过中国票据交易系统票据到期登记菜单中对已贴现票据发起提前提示付款。

Question | 48

电子商业汇票系统中，什么情况下可以发起非拒付追索？

对于以下情形，持票人可以在电子商业汇票系统中

发起非拒付追索：一是承兑人被依法宣告破产的；二是承兑人因违法被责令终止业务活动的。追索人还需要线下向被追索人提供非拒付追索的相关证明。

Question 49

电子商业汇票系统中，电票拒付后是否可以发起非拒付追索？

持票人在票据到期后被拒付的，不得发起非拒付追索。持票人在票据到期日前被拒付的，可以发起非拒付追索。

Question 50

电子商业汇票系统中，"非拒付追索已撤销"状态的电票是否可以发起提示付款？

"非拒付追索已撤销"状态的票据可以发起提示付款。

Question 51

电子商业汇票系统中,持票人可以向承兑人发起非拒付追索吗?

电票的持票人可以向包括出票人、承兑人在内的前手发起非拒付追索。

Question 52

票据状态为"非拒付追索待清偿"和"非拒付追索同意清偿待签收"时,电子商业汇票系统中票据撤销规则有哪些?

(1)票据状态为"非拒付追索待清偿"的,应判断该追索人是否还有未撤销的追索通知,如还有其他追索通知未撤销,则保持原状态不变;如所有追索通知都已撤销,且是第一次非拒付追索,则修改票据状态为"非拒付追索已撤销";如所有追索通知都已撤销,且是再追索,票据状态回滚为"非拒付追索同意清偿已签收"。

(2)票据状态为"非拒付追索同意清偿待签收"的,票据状态回滚至前一手状态"非拒付追索待清偿"。

Question 53

电子商业汇票系统中,非拒付追索的时效是多久?

持票人对前手的第一次非拒付追索时效为自票据到期日起2年;对其他前手的再追索时效为自清偿日起3个月。当票据状态为中间状态的"非拒付追索待清偿"或"非拒付追索同意清偿待签收"时,不受上述时间限制。

Question 54

票据托管的主要内容是什么?

票据托管是指票据市场基础设施根据票据权利人委托对其持有票据的相关权益进行管理和维护的行为。票交所作为中国人民银行指定的票据市场基础设施,通过为系统参与者开立票据托管账户,依据其业务行为指令,以电子簿记的方式记载其持有票据的余额及变动等情况,借此对相关票据权益进行管理和维护。

Question 55

什么是票据托管账户？票据托管账户开立的原则是什么？

票据托管账户是指票交所为系统参与者开立的、用以记载其持有票据的余额及变动等情况的电子簿记账户。系统参与者对其票据托管账户内的票据享有票据权利。

系统参与者应当在票交所开立票据托管账户，委托票交所托管其持有的票据。一个系统参与者只能开立一个票据托管账户（中国人民银行另有规定的除外）。

具有法人资格的系统参与者应当以法人名义开立票据托管账户；经法人授权的分支机构系统参与者应当以分支机构名义开立票据托管账户；非法人产品系统参与者应当以产品名义单独开立票据托管账户。

票据托管账户采用实名制，不得出租、出借或者转让。系统参与者应当保证所提交的票据托管账户资料真实、准确、完整、有效，不得有虚假记载、误导性陈述或重大遗漏。

Question 56

票据托管账户的记账科目分类？

票据托管账户分设以下三个记账科目：

（1）可用。用于记载系统参与者持有并能够依法依规开展交易、质押、保证、提示付款及追偿等业务行为的票据余额及变动情况。

（2）质押。用于记载系统参与者作为出质人持有并已质押的票据余额及变动情况，不包括用于质押式回购交易的出质票据。

（3）质押式回购待赎回。用于记载系统参与者作为质押式回购交易正回购方持有且未赎回的票据余额及变动情况。

Question 57

权属初始登记主要有哪些内容？

权属初始登记包括以下内容：权属登记日期、票据种类、票据号码、票据金额、票据到期日、承兑人开户行行号、承兑人开户行名称、持票行行号及持票行名称。

Question | 58

变更登记主要有哪些内容？

变更登记包括交易变更登记和非交易变更登记。

系统参与者因办理转贴现、质押式回购、买断式回购等交易业务导致票据权益变动的，票交所为其办理交易变更登记。

系统参与者因办理质押、追偿、非交易过户等业务导致票据权益变动的，票交所为其办理非交易变更登记。

Question | 59

在什么情况下系统参与者可申请提前回购？如何办理？

提前回购仅涉及质押式回购。如遇下列情形，逆回购方可以通过中国票据交易系统申请提前回购：

（1）质押票据存在挂失止付、公示催告或者被有权机关查封、冻结等票据权利受限制的情形，并已在中国票据交易系统登记相应止付信息；

（2）交易一方存在机构合并、分立或者解散的情形，并已向票交所申请机构撤并；

（3）承兑人存在破产清算、公司解散或者被责令终止业务活动等已明确会严重影响票据到期兑付，且逆回购方已向票交所提供有关法律文书或者证明材料；

（4）交易双方协商一致的提前回购，且逆回购方已向票交所提供双方签订的合同协议或者双方认可的书面材料。

对于（1）所列情形，由正回购方确认后完成。对于（2）、（3）、（4）所列情形，依次由正回购方确认、票交所场务审核通过后完成。

质押式回购交易申请提前回购时，应当一次性回购全部质押票据，不得回购部分质押票据。提前回购所涉资金结算由交易双方协商并线下完成。

具体办理流程如下：

逆回购方经办人员选定质押式回购交易，选择提前回购事由，发起提前回购申请。其中，因质押票据登记止付信息申请提前回购的，回购事由选择"存在风险票据"；除此之外的其余情形，选择"其他情形（需票交所审核）"。逆回购方签批人员于当日通过中国票据交易系统签批将提前回购申请提交至正回购方。

正回购方收到提前回购申请，应于当日完成应答和签批操作。应答和签批同意的,如果提前回购事由为"存在风险票据",或者回购事由为"其他情形(需票交所审核)"且票交所场务审核通过,中国票据交易系统对质押票据进行变更登记,并补充质押式回购交易成交单条款信息,业务处理完成。

对于回购事由为"存在风险票据"的提前回购,回购过程中如果相关风险票据均解除止付信息登记,系统自动终结业务处理。

Question 60

系统参与者申请逾期回购需要满足什么条件?如何办理?

逾期回购仅涉及质押式回购。回购交易到期结算失败,从次日起,逆回购方可以通过中国票据交易系统申请逾期回购。

质押式回购交易申请逾期回购时,应当一次性回购未到期质押票据。逾期回购所涉资金结算由交易双方协商并线下完成。

具体办理流程如下:

逆回购方经办人员选定质押式回购交易,发起逾期回购申请。逆回购方签批人员于当日通过中国票据交易系统签批将逾期回购申请提交至正回购方。

正回购方收到逾期回购申请，于当日完成应答和签批操作。应答和签批同意后，中国票据交易系统对质押票据进行变更登记，并补充质押式回购交易成交单条款信息，业务处理完成。

Question 61

什么情况下可以办理票据非交易过户？如何办理？

票据非交易过户是指因法院判决、赠予、债权债务承继等事由，通过中国票据交易系统办理票据权属变更登记的业务行为。

办理票据非交易过户业务的转让方与受让方均应当为上海票据交易所系统参与者。

具体办理流程如下：

票据非交易过户业务应当由票据转让方申请，票据受让方确认后完成。票交所根据系统参与者提交的合法有效法律文件办理票据非交易变更登记。

系统参与者申请票据非交易过户，必须通过中国票据交易系统提供并上传用于证明票据非交易过户事由存在的文件影像，包括但不限于以下原文件影像：

（1）因法院判决办理非交易过户的，需要上传司法机关出具的法律文件。

（2）因赠予办理非交易过户的，需要上传经公证的赠予书、受赠书或者赠予合同。

因系统参与者合并、分立或者解散发生的债权债务承继办理非交易过户的，按照《上海票据交易所系统参与者管理办法》及有关业务规定执行。

Question | 62

注销登记主要发生在哪些业务场景？

一是票据经提示付款或追偿，由承兑人或出票人清偿票据债务的，票交所对所涉票据进行注销登记。

二是票据经除权判决被人民法院宣告无效的，票交所依据承兑人或承兑人开户行提交的已生效除权判决书，对所涉票据进行注销登记。

三是票据因虚假登记、关键信息登记错误或被鉴定为伪假票据的，票交所依据系统参与者提交的申请文件，对所涉票据进行注销登记。

Question 63

贴现通业务的定义是什么？

贴现通业务，是指票据经纪机构受贴现申请人委托，在中国票据交易系统进行信息登记、询价发布、交易撮合后，由贴现申请人与贴现机构办理完成票据贴现的服务机制安排。

Question 64

贴现通业务的参与主体是谁？

贴现通业务的参与主体包括贴现申请人、票据经纪机构、贴现机构。其中，贴现申请人是具有贴现意向的未贴现票据持有企业或其他经济组织，是贴出询价的委托方和票据贴现的贴出方；票据经纪机构是向贴现申请人和贴现机构提供票据贴现信息咨询和撮合服务的商业银行；贴现机构是具备办理票据贴现业务资质的金融机构，是贴入询价的发布方和票据贴现的贴入方。

Question 65

贴现通（一期）业务流程是怎样的？

（1）贴现申请人向票据经纪机构提交企业信息和待贴现票据信息，由票据经纪机构在中国票据交易系统中对贴现申请人信息和委托信息进行维护，并按照贴现申请人的意愿发布询价。

（2）票据经纪机构与贴现机构在中国票据交易系统中通过询价撮合，达成意向成交。

（3）票据经纪机构通知贴现申请人按照意向成交单中的内容通过电子商业汇票系统发起电票贴现申请。

（4）贴现机构成功签收票据后，中国票据交易系统中会生成结算交割单，可作为贴现凭证供交易双方下载。

Question 66

用于办理贴现通业务的票据需要符合哪些条件？

（1）贴现申请人应为票据的合法权利人；

（2）票据在电子商业汇票系统中记载的票据状态为"提示收票已签收""背书已签收""回购式贴现赎回已签收""质押解除已签收"中的一种，且无"不得转让"标记。

四、交易类

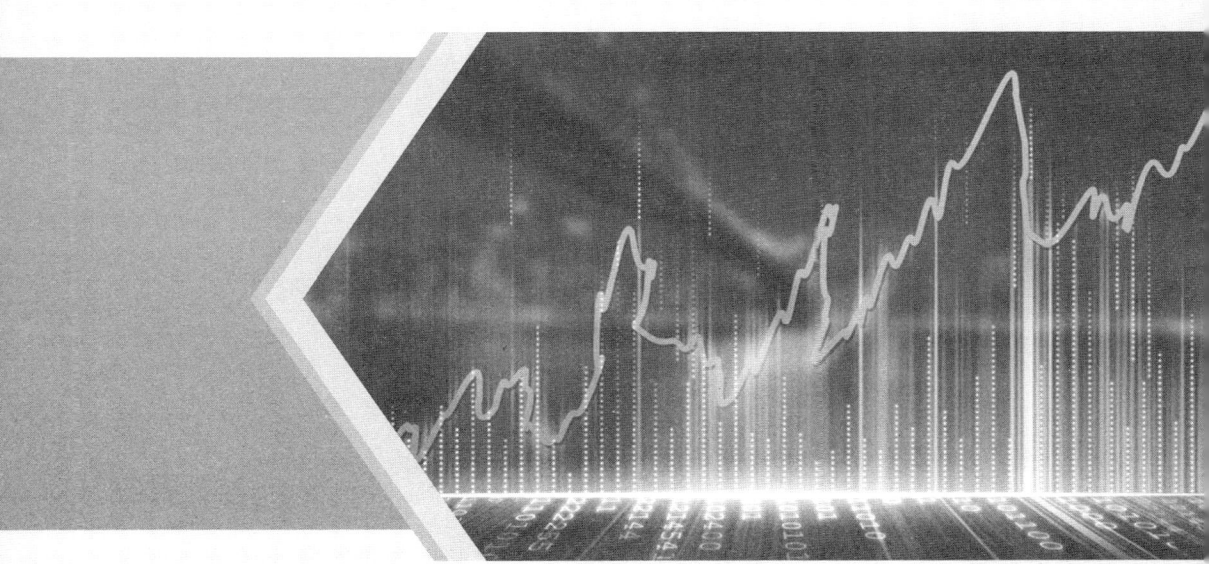

Question 67

在票交所开展交易应完成哪些准备工作？应注意哪些问题？

在票交所开展交易应完成以下三项准备工作：

一是交易成员与票交所联网并通过客户端或直连方式访问票交所系统。

二是交易成员在票交所开立交易账户和票据托管账户并完成票据登记托管。

三是交易成员在票交所系统创建交易员用户并完成赋权。

交易成员应确保网络通畅、系统连接正常；前、中、后台岗位设置和权限分配符合业务开展实际需要；相关业务人员经过适当培训，充分了解相关业务规则等。

Question 68

票交所的交易时段是怎样的？在不同时段分别能进行哪些系统操作？

交易日为每周一至周五，遇法定节假日调整除外。中国票据交易系统运行时间为8:00-21:00。核心交易子系统意向询价、查询、管理等功能使用时段为8:30-21:00。交易区分外部交易与内部交易，内部交易是指同一会员单位内部系统参与者之间发生的交易（非法人产品之间发生的交易除外），其他为外部交易。外部交易时段为每交易日9:00-12:00，13:00-16:45；内部交易时段为每交易日9:00-17:30；特殊情况下，票交所可以应急延长交易时段；如遇变更，票交所将提前发布公告。

Question 69

哪些类型的金融资产可以在票交所进行交易？

目前可以在票交所系统进行交易的金融资产，按票据介质分为纸质商业汇票和电子商业汇票，按票据类别分为银行承兑汇票和商业承兑汇票。未来，票交所将根据市场发展的实际需要和市场参与者的需求推进产品创新，进一步丰富可交易的金融资产品种。

Question 70

票交所提供哪些交易品种？与传统票据市场相比有哪些创新之处？

票交所已提供的交易品种包括票据转贴现、票据质押式回购和票据买断式回购。未来还将择机推出其他交易品种。

与传统票据市场相比，票交所在交易品种上的创新主要在于推出了买断式回购交易品种。买断式回购具有"一次交易，两次结算"的特点，首次结算日和到期结算日均转移票据权属；买断式回购到期正回购方违约时，逆回购方可自行处置票据；买断式回购形成的待返售票据包，在回购期间可以再用于办理质押式回购，办理质押式回购的到期结算日应当早于原买断式回购到期结算日。

四、交易类

Question 71

票交所提供哪些交易方式？与传统票据市场相比有哪些创新之处？

票交所可以为市场参与者提供多种交易方式，包括询价交易、点击成交和匿名点击，其中，询价交易方式又包括意向询价和对话报价。目前，点击成交交易方式只适用于转贴现交易品种，匿名点击交易方式只适用于质押式回购交易品种，未来将择机拓展点击成交与匿名点击交易方式的适用交易品种。

与传统票据市场相比，票交所在交易方式上的创新主要在于实现了票据交易全流程线上操作。票交所通过提供多种交易方式、票款对付的结算方式和票据集中托管等制度安排，实现了发布交易意向、在线挑票、发出对话报价、格式化交谈、达成交易、在线生成成交单、资金清算、变更票据权属等流程全部线上操作，实现了交易对手方发现和价格发现的功能，有助于防范交易风险，提高交易效率。

Question | 72

票交所将实现票据全生命周期管理，其核心业务流程是怎样的？

票交所是前、中、后台一体化的票据市场基础设施，为市场参与者提供票据交易、登记托管、清算结算和信息服务。

票据信息登记均需通过票交所完成，包括承兑信息、贴现信息、贴现前的质押和保证信息、止付和公示催告信息等相关信息的登记。对于已贴现票据，需通过票交所办理票据交易、质押、保证、提示付款等票据业务。以上制度安排，保证了票交所可以对票据进行全生命周期管理。

Question | 73

在票交所交易的资产有哪些增信措施？

为提高在票交所交易资产的流动性和安全性，便于市场定价，提高交易和到期清算效率，市场成员可选择付款确认和保证增信两种增信措施。

（1）付款确认。纸票贴现后，其保管人可以向承兑人发起付款确认。付款确认分为影像确认和实物确认两种方式，具有同等效力。一旦付款确认通过，除挂失止付、公示催告等合法抗辩情形外，在银票到期日，提示付款申请无须承兑人进行应答。电票一经承兑即视同承兑人已进行付款确认。

（2）保证增信。贴现人可以按照市场化的原则选择商业银行对纸票进行保证增信。保证增信需在纸票完成权属初始登记后首次交易前完成，在追偿流程中，保证增信行先于贴现人对票据进行偿付。

Question 74

票交所应急服务的概念是什么？

票交所应急服务是指由于中国票据交易系统、用户前端或会员与票交所通信线路发生故障等原因，导致票交所会员无法使用系统相关功能或通过票交所系统办理相关业务，票交所依据申请为会员提供的应急成交、应急撤销、应急提交票据、应急托收/追索、应急清算结算及技术应急等服务。

Question 75

应急服务中"应急撤销"一般包含几种情形？

应急撤销包含下列三种情形：（1）票交所根据交易双方的应急申请将已成交、未开始清算的交易予以撤销。（2）票交所根据报价方的应急申请将已发出、未成交的点击成交报价、匿名点击报价予以撤销。（3）票交所根据受价方的应急申请将已收到、未应答的对话报价予以终止。

Question 76

在票交所模式下，完整的票据交易合同包括哪些组成部分？

在票交所模式下，完整的票据交易合同包括票据成交单、票据交易主协议及补充协议（若有）。

Question 77

票据转贴现交易包括哪些交易要素?

票据转贴现的交易要素包括交易方向、票据类别、票据介质、票面总额、交易利率、收益率、部分成交选项、报价有效时间、最晚结算时间、应付利息、结算金额、加权平均剩余期限、票据张数、结算日、清算速度、结算方式和清算类型等。

Question 78

票据质押式回购交易包括哪些交易要素?

票据质押式回购的交易要素包括交易方向、票据类别、票据介质、回购期限、首期结算日、到期结算日、票面总额、回购金额、回购利率、回购收益率、部分成交选项、报价有效时间、最晚首期结算时间、应付利息、首期结算金额、到期结算金额、票据张数、清算速度、结算方式和清算类型等。

Question 79

票据买断式回购交易包括哪些交易要素？

票据买断式回购的交易要素包括交易方向、票据类别、票据介质、回购期限、首期结算日、到期结算日、票面总额、回购收益率、部分成交选项、报价有效时间、最晚首期结算时间、首期交易利率、到期交易利率、首期应付利息、到期应付利息、首期结算金额、到期结算金额、票据张数、清算速度、结算方式和清算类型等。

Question 80

票据质押式回购和买断式回购的具体区别是什么？分别有哪些主要特点？

质押式回购是指正回购方在将票据出质给逆回购方融入资金的同时，双方约定在未来某一日期由正回购方按约定金额向逆回购方返还资金、逆回购方向正回购方返还原出质票据的交易行为。

买断式回购是指正回购方将票据卖给逆回购方的同时，双方约定在未来某一日期，正回购方再以约定价格从逆回购方买回票据的交易行为。

以上两种交易品种的区别及主要特点如下：

一是权属是否发生转移。质押式回购交易达成后即为票据设立质权，票据权属不发生转移；买断式回购首期结算日和到期结算日均发生票据权属转移。

二是交易方式不同。质押式回购可采用询价、点击成交和匿名点击交易方式，买断式回购应当采用询价交易方式。

三是定价方式不同。质押式回购以回购利率体现融资成本；买断式回购存在首期交易利率和到期交易利率，两者可以不同，以首期交易利率和到期交易利率计算得出的回购收益率体现融资成本。

四是是否可以嵌套交易。质押式回购存续期间不得嵌套任何交易；买断式回购形成的待返售票据包，在回购期间可以用于办理质押式回购。买断式回购与质押式回购相比更为灵活，可以通过组合交易方式进行再融资。

Question 81

再贴现是否需要通过票交所的再贴现业务系统办理？再贴现业务系统提供哪些功能？

再贴现业务系统上线运行后，金融机构的再贴现申请以及人民银行再贴现业务的受理审批、票据审核、业务达成、相关单据打印、数据统计和信息查询等流程全部在线上完成。

再贴现业务系统为人民银行再贴现提供涵盖业务管理、业务办理、登记托管、清算结算和数据信息的一体化服务，主要包括以下功能：一是提供再贴现业务线上申请、受理、审批和到期处理功能；二是提供再贴现和票据业务相关信息查询和统计报表功能；三是提供再贴现业务管理和参数设置功能。

Question 82

询价交易方式的含义是什么？包括哪些报价方式？基本交易流程是怎样的？

询价交易方式是指交易双方自行协商确定交易价格

以及其他交易要素的交易方式，包括报价/询价、格式化交谈和确认成交三个步骤。

询价交易方式下，报价/询价方式包括意向询价和对话报价。

意向询价的基本交易流程是：

（1）意向询价发送。交易双方均可发送意向询价，意向询价可以发送给全市场、特定群组或单个交易员。可以自行选择是否包含票据清单。

（2）意向询价修改和撤销。区别于对话报价，意向询价可修改或撤销。

（3）意向询价模糊匹配。中国票据交易系统提供不同方向意向询价的模糊匹配和推送功能。

（4）意向询价转化成对话报价。意向询价仅表明交易意向，不能直接成交，交易员可点击其他交易员发送的意向询价或中国票据交易系统为其模糊匹配的意向询价，发起与对手方交易员的对话报价。

对话报价的基本交易流程是：

（1）对话报价发送。由卖出方或正回购方发起，仅能发送给单一特定交易员，必须完整录入全部交易要素，交易员需从该机构票据托管账户中挑选处于"可交易"状态的票据。

（2）对话报价修改和终止。交易双方收到对手方的对话报价后，可以选择确认成交或修改要素后反报价或终止对话。

（3）确认成交。任何一方确认成交后，交易即达成，系统自动生成电子成交单。

Question 83 点击成交的含义是什么？基本交易流程是怎样的？适用于哪些交易品种？

点击成交是指交易成员向全市场发送包含全部交易要素（卖出/正回购报价）或除票据清单之外的全部交易要素（买入/逆回购报价）的点击成交报价，对手方直接点击成交（卖出/正回购报价）或提交符合要求的票据后点击成交（买入/逆回购报价）的交易方式。

点击成交的基本交易流程是：

（1）报价提交。具有点击成交权限的交易员可发送、修改、作废报价及撤回已发送未成交的点击成交报价单。

（2）买入报价成交。收到买入报价时，卖出方交易员在点击成交时需提交符合要求的标的票据，提交完成并经系统校验通过后，自动成交。

（3）卖出报价成交。收到卖出报价时，买入方交易员可直接点击报价进行成交。

目前，点击成交交易方式只适用于票据转贴现业务，未来将会拓展适用业务品种。

Question 84

匿名点击的含义是什么？基本交易流程是怎样的？适用于哪些交易品种？

匿名点击是指交易双方提交包含关键交易要素的匿名报价，中国票据交易系统在双边授信范围内按照"价格优先、时间优先"的原则自动匹配，达成交易，未匹配的报价可供直接点击。

匿名点击的基本交易流程是：

（1）报价提交。具有匿名点击权限的交易员可提交、修改、撤销报价。

（2）报价自动匹配。中国票据交易系统在各交易成员预先设置的双边授信范围内根据"价格优先、时间优先"的原则对所有匿名报价进行自动匹配成交。

（3）点击成交。未能匹配成功的报价将展示在中国票据交易系统中，其他对手方交易员可在授信范围内直接点击该报价进行成交。

（4）提交质押/标的票据。交易过程全部匿名，自动匹配成功或点击成交达成交易后，才能看到对手方机构。由正回购方或卖出方根据质押/标的票据规则提交质押/标的票据。

（5）成交处理。正回购方或卖出方成功提交质押/标的票据后，该笔交易正式达成，无须对手方再次确认，中国票据交易系统自动生成成交单。

目前，匿名点击交易方式只适用于票据质押式回购业务，未来将会拓展适用业务品种。

Question | 85

《票据交易管理办法》规定票据市场参与者包括哪几类？覆盖哪些机构类型？需要符合哪些条件？

票据市场参与者是指可以从事票据交易的市场主体，包括法人类参与者与非法人类参与者两大类。

法人类参与者包括政策性银行、商业银行及其授权分支机构，农村信用社、企业集团财务公司、信托公司、证券公司、基金管理公司、期货公司、保险公司等经金融监督管理部门许可的金融机构。

非法人类参与者包括证券投资基金、资产管理计划、银行理财产品、信托计划、保险产品、住房公积金、社会保障基金、企业年金、养老基金等。

法人类参与者需符合以下条件：

（1）依法合规设立。

（2）已制定票据业务内部管理制度和操作规程，具有健全的公司治理结构和完善的内部控制、风险管理机制。

（3）有熟悉票据市场和专门从事票据交易的人员。

（4）具备相应的风险识别和承担能力，知悉并承担票据投资风险。

（5）中国人民银行要求的其他条件。

非法人类参与者需符合以下条件：

（1）产品设计符合相关法律法规和监管规定，并依法在相关金融监督管理部门获得批准或者完成备案。

（2）产品已委托具有托管资格的金融机构进行独立托管，托管人对委托人资金实行分账管理、单独核算。

（3）产品管理人具有相关金融监督管理部门批准的资产管理业务资格。

Question | 86

《票据交易主协议（2016年版）》包含哪些主要内容？对于我国票据市场发展有何重要意义？

2016年12月31日，票交所与中国银行间市场交易商协会联合发布了《票据交易主协议（2016年版本）》（以下简称《主协议》）。《主协议》主要内容由通用条款和各类型交易（转贴现、质押式回购、买断式回购）适用的特别条款两部分构成。其中，通用条款主要就协议的适用范围、票据业务参与者的承诺与遵守、票据双方的申明和保障、违约事件和终止事件的确定和处理、公式催告处理、罚息及协议技术条款进行了约定；特别条款主要就各类型交易特性部分的交易利息金额计算公式、违约认定及处理、违约金计算和标的资产在特殊情况下的处理等进行了明确。《主协议》的主要内容是：

（1）创新扩大了协议规范和约束的范围。《主协议》突破了一般交易主协议仅规范和约束交易双方权利义务及违约责任的局限，以多边协议的方式明确了票据业务各参与方之间的权利和义务，对不确定双方的违约责任进行了明确，扩大了协议的适用范围，保障了业务参与各方责任履行和权利实现的有效性。

（2）优化了票据追索程序。《主协议》明确了贴现人、保证增信行在承兑人不付款时的偿付顺序和相关责任，通过持票人放弃对除贴现人以外的在票据交易平台进行电子背书的其他交易前手的追索权，简化了票据追索流程，提高了票据交易的定价便利性。

（3）明确了多种违约情形及处理流程。《主协议》明确了承诺与遵守、声明与保证、违约事件、终止事件、公示催告的业务处理以及转贴现、质押式回购和买断式回购下的违约情形7大类近40种违约情形以及处理流程，有效地保障了协议签署各方的相关权利。

（4）统一了市场罚息的标准。《主协议》约定交易双方对于罚息的适用按照日利率的万分之五计算，进一步规范了交易行为，严肃协议履行，提高违约处理效率。

《主协议》对于我国票据市场发展具有重要意义。

首先，有利于降低成本、提高交易效率。票据市场是典型的场外市场，交易双方在达成票据交易前，均需要一对一地对相关权利义务、违约责任及其处理、质押品管理等进行磋商。组织制定统一的《主协议》，通过多边谈判、共同磋商，形成意见一致的协议框架和条款内容，能够有效节约交易双方的谈判时间和人力成本，有利于交易的达成和市场效率的提升。其次，有利于业务规则的一致性和违约处理的确定性，促进市场稳定运行。组织制定统一的《主协议》，明确适用的法律法规，明晰业务定义和操作规程以及违约事件的处理流程等，有助于纠纷化解、减少风险隐患，维护市场规范有序运行。最后，统一的《主协议》有利于明确业务参与各方的权利义务，固化相关制度创新。配合人民银行《票据交易管理办法》的发布，组织制定统一的《主协议》，通过条款内容的设计，固化市场业务框架，明确参与各方的权利和义务，有利于防范法律风险，促进票据交易平台的相关制度创新，推动票据市场创新发展。

Question | 87

《票据交易主协议（2016年版）》关于持票人部分放弃追索权的约定应当如何理解？

《票据交易主协议（2016年版）》（以下简称《主协

议》）在第三条承诺与遵守中约定持票人放弃对前手背书人行使追索权，但保留对票据出票人、承兑人、承兑人的保证人、贴现人、贴现人的保证人（若有）及贴现人前手背书人的追索权。因此，在票交所内发生的票据转贴现交易，转贴现卖出方卖出票据后除作为票据出票人、承兑人、保证人、贴现人以外，持票人对转贴现卖出方无追索权。《主协议》关于持票人部分放弃追索权的约定具有以下三个方面的意义：

第一，提高交易效率。约定持票人部分放弃追索权，可以减少买入方交易过程中甄别交易对手资质方面花费的时间和成本，将注意力集中于票据信用主体和其他交易要素，从而提高交易效率。

第二，节约风险资本占用，提高交易活跃程度。对于卖出方而言，如果既不是贴现人，又不是票据保证人，由于持票人放弃追索权的约定，可以不再计量相关票据的风险资产，有利于促进交易的活跃度。

第三，优化追索流程，增强对持票人的保护。票交所通过《票据交易管理办法》和《主协议》等相关制度明确了持票人在追索中的追索对象和追索顺序，以上规则和制度既提高了追索的效率，又保证了持票人可通过追索流程获得清偿的权利。

Question 88

《票据交易主协议（2016年版）》如何认定票据交易中的违约和终止事件？如果发生交易违约应如何处理？

《票据交易主协议（2016年版）》（以下简称《主协议》）通用条款对于违约事件进行了约定，交易一方发生以下事件的即构成对协议另一方的违约：

（1）交易一方未按照交易协议的约定履行支付或交付义务；

（2）交易一方明示或拒绝履行协议义务；

（3）交易一方作出的某项声明与保证被证实存在不实陈述、误导或重大遗漏；

（4）在交易一方发生分立、合并或重组后明示或拒绝履行协议义务；

（5）交易一方发生解散、不能清偿到期债务、债务和解、启动破产程序、被债权人行使担保权利后丧失履约能力以及类似以上效果的事件；

（6）持续未履行协议项下其他义务。

《主协议》通用条款对于终止事件进行了约定，发生终止事件的，受终止事件影响的一方（以下简称受影响方）构成（1）或（6）违约事件的，受影响方不承担违约责任，但应及时通知另一方，并应在合理期限内提供证明。若同时构成（2）至（5）违约事件则受影响方应承担违约责任。主协议约定的终止事件包括：

（1）在交易达成后，由于适用法律、法规和部门规章的变动导致履行或维持该笔交易变得不合法或不合规，或遵守关于该笔交易的交易协议下的其他实质性条款变得不合法或不合规。

（2）由于不可抗力事件的发生导致履行交易下的义务或遵守交易协议下的任何其他实质性条款变得不可能或不切实际，且不可抗力导致的上述情形从发生之日起三个营业日后仍然持续。

协议双方处理违约事件时可按照《主协议》第九条相关规定执行，如涉及特别条款对违约处理有特别约定的，优先适用特别条款。

《主协议》通用条款第九条对违约事件的处理方式进行了约定，具体内容如下：

（1）如果交易一方发生违约事件，交易双方可协商解决。若协商不一致，守约方有权选择书面通知违约方提前终止发生违约事件的交易，或要求违约方继续履行该交易。

守约方有权要求违约方就违约所导致的实际损失进行赔偿。

（2）交易一方发生违约事件后，守约方拟提前终止协议的，需在违约事件发生后的三个营业日内通知违约方，并在通知中列明双方在提前终止日互相应该支付/返还的有关金额及其计算依据和应付款日。

如果守约方未在上述三个营业日内发出有关通知，则视为守约方放弃了单方提前终止发生违约事件交易的权利，但违约方应赔偿守约方的实际损失。

Question | 89

《上海票据交易所票据交易规则》包含哪些主要内容？对于票据交易的规范和创新有何重要意义？

《上海票据交易所票据交易规则》（以下简称《交易规则》）共分九章，内容覆盖交易的所有环节，明确了核心交易子系统与交易成员的相关概念、可供交易的标的种类、交易方式及主要流程、交易品种及交易要素、信用主体、结算方式、交易监测及违规行为、交易相关服务等内容。

《交易规则》是票交所根据《中华人民共和国票据法》《票据交易管理办法》(中国人民银行公告〔2016〕第29号)等法规制度，在广泛征求各市场参与者意见的基础上制定的，属于票交所发布的系列业务规则之一，首次统一了票据交易业务标准，既是落实《票据交易管理办法》的重要配套制度，又是规范票据市场参与者在中国票据交易系统的各类交易行为的重要业务规则。

五、清算结算类

Question 90

票交所支持使用的资金清算路径有哪几种？分别适用于哪类金融机构？

根据《上海票据交易所系统参与者资金账户业务操作规程》第五条和第六条的规定，会员应当通过人民银行清算账户或票交所资金账户办理票据业务资金清算结算。

（1）使用人民银行清算账户。已在人民银行开立清算账户的或未在人民银行开立清算账户但取得其关联的大额支付系统直接参与者出具的清算账户使用授权书的银行类金融机构以及财务公司，应当使用人民银行清算账户办理票据业务资金清算结算。

（2）使用票交所资金账户。

①不符合人民银行清算账户使用条件的外资银行、农村商业银行和农村合作银行、农村信用社、民营银行、村镇银行、非银类金融机构，应当由其法人系统参与者申请在票交所开立资金账户，会员下辖所有系统参与者统一使用该资金账户办理票据业务资金清算结算。

②非法人产品管理人需为下辖的每个非法人产品系统参与者申请开立票交所资金账户，每个非法人产品系统参与者使用独立的票交所资金账户进行票据业务资金清算结算。

Question 91

申请开立票交所资金账户需要提供哪些材料？

（1）法人系统参与者。法人系统参与者申请开立票交所资金账户的，应当向票交所提交"上海票据交易所资金账户开户/变更申请表（法人）"以及出金账户证明材料。

①法人系统参与者使用基本存款账户作为出金账户的，出金账户证明材料为基本存款账户开户许可证（复印件）。基本存款账户开户许可证已取消的，提交基本存款账户开户申请表（复印件）和基本存款账户在人民银行备案证明材料（包含"人民币银行结算账户管理系统"截图）作为出金账户证明材料。

②法人系统参与者使用一般存款账户或者专用存款账户作为出金账户的，应当提供下列出金账户证明材料：

A.基本存款账户开户许可证（复印件）。因基本存款账户的开立由核准制调整为备案制，企业无法取得基本存款账户开户许可证的，以基本存款账户开户申请表和基本存款账户在人民银行备案证明材料（包含"人民币银行结算账户管理系统"截图）替代。

B.一般存款账户或者专用存款账户开户申请表（复

印件)。

C.一般存款账户或者专用存款账户在人民银行备案证明材料(包含"人民币银行结算账户管理系统"截图)。

D.未使用基本存款账户情况说明,包括无法使用基本存款账户的原因及需使用一般存款账户或专用存款账户的相关情况说明。

(2)非法人产品系统参与者。非法人产品系统参与者申请开立票交所资金账户的,产品管理人应当向票交所提交"上海票据交易所资金账户开户/变更申请表(非法人产品)"以及下列出金账户证明材料:

①与托管银行签订的合同或协议(复印件,含产品名称以及托管账户相关信息)。

②产品于托管行开立托管账户的开户申请表(复印件)及托管账户在人民银行备案证明(包含"人民币银行结算账户管理系统"截图),托管行的托管账户名称须与非法人产品名称一致。

③若②中在人民银行备案的托管账户名称与托管行的托管账户名称不一致,由托管行总行出具托管账户相关情况说明纸质材料(加盖托管行总行公章或总行部门公章)。加盖总行部门公章的,另需由托管行(分行)通过大额支付系统自由格式报文向票交所报送托管账户情况说明。

Question 92

票交所资金账户对绑定的出金账户有哪些要求？

法人系统参与者或产品管理人在申请开立资金账户时，应当预留法人系统参与者或者非法人产品系统参与者在银行开立的人民币银行结算账户作为指定的出金账户，用于汇划票交所资金账户的票据资金，预留的出金账户要求包括如下：

（1）银行类法人系统参与者原则上应当使用开立在该机构的同户名基本存款账户作为出金账户。基本存款账户未开立在该机构的，应当使用开立在该机构的同户名一般存款账户或专用存款账户作为出金账户。

（2）非银类法人系统参与者原则上应当使用同户名基本存款账户作为出金账户。基本存款账户无法用于办理业务的，应当使用开立在基本存款账户开户银行的一般存款账户或者专用存款账户作为出金账户。

（3）非法人产品系统参与者应当使用开立在托管银行的同户名托管账户作为出金账户。

Question 93

如何办理资金账户注销手续？

法人系统参与者或者非法人产品系统参与者申请退出中国票据交易系统时，应当向票交所提交"上海票据交易所资金账户销户申请表"。票交所资金账户注销应当同时满足以下条件：

（1）票交所资金账户无待结算的在途资金；

（2）票交所资金账户状态正常，且未涉及违法违规行为；

（3）票交所资金账户对应系统参与者的当期费用已结清。

Question 94

通过大额支付系统直参行清算账户完成票据业务资金清算的金融机构，如何获取资金清算信息？

金融机构使用其关联的大额支付系统直参行清算账户办理票据业务资金清算结算的，可通过中国票据交易系统客户端或直连接口"票据业务结算结果通知报文"获取其票据业务清算结算结果；其大额支付系统直参行可以通过大额支付系统"即时转账报文"获取资金清算结果。

Question | 95

票据业务资金结算的范围包括哪些？

中国票据交易系统票据业务资金结算包括交易类业务资金结算和非交易类业务资金结算。

交易类业务资金结算：转贴现、质押式回购首期、质押式回购到期、买断式回购首期、买断式回购到期。

非交易类资金结算：提示付款、追偿。

Question | 96

清算速度、清算类型和最晚结算时间是如何确定的？

（1）清算速度。转贴现业务、质押式回购业务首期、买断式回购业务首期可选择资金结算时间，即清算速度。清算速度由交易双方在报价时约定,可选择"T+0"和"T+1"。"T+0"是指成交达成当日进行资金清算结算;"T+1"是指成交达成后的下一工作日进行资金清算结算。

质押式回购到期、买断式回购到期在到期结算日办理资金清算结算。

提示付款、追偿业务即时办理资金清算结算。

(2)清算类型。现阶段票据交易清算类型为全额清算。全额清算是指交易双方达成交易后,中国票据交易系统实时逐笔办理资金清算和结算的清算类型。中国票据交易系统上线初期只支持全额清算。

(3)最晚结算时间。票交所的结算时间与支付系统受理业务时间保持一致。交易双方可约定最晚结算时间,但不得晚于支付系统业务截止时间。

Question 97

票交所提供哪些票据业务结算方式?

系统参与者委托票交所办理票据业务清算结算,可以采用票款对付(DVP)、纯票过户(FOP)方式。

(1)票款对付(DVP),即结算双方同步办理票据过户和资金支付并互为条件的结算方式。

（2）纯票过户（FOP），即结算双方的票据过户与资金支付相互独立的结算方式。

对于票据交易业务，会员之间应当采用DVP方式结算；会员内部系统参与者之间可以采用FOP方式结算，但同一会员不同非法人产品之间仍应当采用DVP方式结算。

对于票据托收、追偿业务，应当采用DVP方式结算。

Question | 98

中国票据交易系统客户端向系统参与者提供哪些清算结算功能？

中国票据交易系统为系统参与者提供了会员清算结算和资金账户管理功能，其中资金账户管理功能仅适月于已开立票交所资金账户的系统参与者。

（1）会员结算清算：

①结算请求查询；

②结算交割单查询；

③结算明细查询；

④结算汇总查询；

⑤待结算数据统计查询；

⑥转贴现结算确认；

⑦质押式回购结算确认；

⑧买断式回购结算确认。

（2）资金账户管理：

①会员资金账户余额查询；

②会员资金账户明细查询；

③会员资金流动性查询；

④会员资金账户排队查询；

⑤会员出金申请；

⑥利息支付清单查询。

Question 99

票交所资金账户持有人如何办理出、入金业务？

（1）票交所资金账户入金。银行类法人系统参与者、非银类法人系统参与者办理入金业务时，应当通过开立在银行的同户名银行结算账户将资金汇入其票交所资金账户。非法人产品系统参与者应当通过开立在托管银行的同户名托管账户将资金汇入其票交所资金账户。

（2）票交所资金账户出金。票交所资金账户持有人办理出金业务时，应当在营业日16:55前统一通过中国票据交易系统发送出金结算指令,将票交所资金账户款项划付至其预留的指定出金账户。

Question 100

票交所资金账户计息及付息规则有哪些?

票交所根据资金账户余额按一定利率向账户持有人支付利息,每日统计利息积数,如在同一计息周期内调整利率,将为会员进行分段计息。每季度末月的20日为结息日,中国票据交易系统出具利息清单,利息于结息日的下一自然日转入账户持有人在票交所的资金账户。

利息计算公式=计息期内积数×年利率/360

Question 101

单笔业务中多张票据的结算规则有哪些?

中国票据交易系统对转贴现、质押式回购、买断式回购业务以单笔交易中的总结算金额发起资金结算。

中国票据交易系统对提示付款、追偿业务以单张票据发起资金结算。

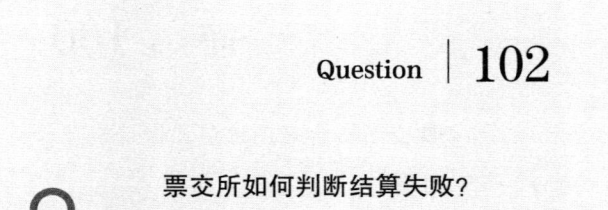

Question 102 票交所如何判断结算失败？

（1）转贴现。票据转贴现交易中，截至双方约定的最晚结算时间，卖出方票据托管账户标的票据不足、买入方资金账户余额不足或交易双方任何一方未进行结算确认的，判定为结算失败。

（2）质押式回购首期和买断式回购首期。票据质押式回购和买断式回购交易的首期结算日，截至双方约定的最晚结算时间，正回购方票据托管账户标的票据不足、逆回购方资金账户余额不足或交易双方任何一方未进行结算确认的，判定为结算失败。

（3）质押式回购到期和买断式回购到期。票据质押式回购和买断式回购交易的到期结算日，截至大额支付系统业务截止时间，逆回购方票据托管账户标的票据不足或正回购方资金账户余额不足的，判定为结算失败。买断式回购交易的到期结算日，因公示催告等原因导致票据无法正常结算的，判定为结算失败。

（4）托收。票据提示付款日，提示付款无须应答或已应答为同意的，中国票据交易系统依据解付行、承兑保证人委托扣划资金账户款项。

①票据经承兑保证人保证。截至提示付款日16:00，解付行资金账户余额不足的，判定为托收结算失败，同时中国票据交易系统自动向承兑保证人发起提示付款并自动从其资金账户扣划资金，截至大额支付系统业务截止时间，承兑保证人资金账户余额不足的，判定为托收结算失败。

②票据未经承兑保证人保证。截至大额支付系统业务截止时间，解付行资金账户余额不足的，判定为托收结算失败。

（5）追偿。追偿人发出追偿指令的，中国票据交易系统依据追偿顺序扣划被追偿人资金账户款项。被追偿人资金账户余额不足的，中国票据交易系统自动向下一个被追偿人发起追偿以及扣款指令。截至大额支付系统业务截止时间，最后一个被追偿人的资金账户余额不足的，判定为追偿结算失败。

Question 103

机构是否能通过清算结算模块下的"账户资金查询"查询该机构资金账户余额及明细情况？

在中国票据交易系统中开立资金账户的法人系统参与者或者非法人产品系统参与者可通过客户端"会员资金账户余额查询"和"会员资金账户明细查询"菜单或者直连接口"票交所资金账户信息查询申请报文"查询资金账户余额和明细情况。

Question 104

什么是"票付通"业务？

"票付通"业务是票交所基于供应链、B2B电商业务场景向广大企业提供的线上票据支付产品，让小微和民营企业能够更加安全和便捷地使用和盘活票据资产。"票付通"业务解决企业持有大量高信用等级的票据难以流通的问题，填补了企业线上账期支付的空白，成为推动产业互联网发展的"催化剂"和"黏合剂"。

Question 105 "票付通"业务的主要功能有哪些？

"票付通"业务将票据支付嵌入线上平台的业务环节，赋能票据业务互联网基因，加强数据融合创新，是"场景金融"的有益尝试。"票付通"业务主要包括以下三大主流功能。

（1）创设票据见证支付机制，提升票据支付的安全性。"票付通"业务通过在票据转移交付的过程中"加锁"，确保票据支付成功和供应链、B2B平台交易最终完成互为前提条件，为平台交易提供交易担保功能，既解决票据"打飞"的操作风险和道德风险问题，又解决供应链和B2B平台远端"陌生人"交易互不信任的问题，十分契合线上平台的支付场景。

（2）创设线上票据支付流程，提升票据支付的便捷性。根据线上平台的业务特点，"票付通"业务创设了线上票据支付流程，向企业提供在交易发生时即签即用、有票即用的票据支付功能。企业可以在供应链、B2B平台交易流程中一站式地完成所有票据支付操作，提高票据签发和流通的便捷性，给予客户最好的票据支付体验，解除潜在的操作风险。

（3）票据支付信息透传平台。为了解决金融和供应链之间信息不对称、不透明问题，"票付通"业务共享企业经济活动中的信息流、物流与票据流信息。票据支付信息透传平台，业务过程中向供应链、B2B平台实时反馈与订单相关联的票据支付信息，帮助平台实现交易流、票据流、物流的三流合一管理。

Question 106

哪些机构可以接入"票付通"？

"票付通"业务的参与者包括合作金融机构、开户机构、B2B平台。

（1）合作金融机构是指分别与票交所线上票据支付系统和B2B平台系统对接，提供票据线上锁定、解锁、信息通知等"票付通"相关服务的商业银行、财务公司。

（2）开户机构是指为收（付）款人开立电子商业汇票账户，提供票据线上签发、锁定、提交、信息通知等"票付通"相关服务的商业银行、财务公司。

（3）B2B平台是指符合《中华人民共和国电子商务法》规定的为企业提供网络经营场所、交易撮合、信息发布等服务的电子商务平台经营者，包括B2B电子商务平台、各类线上供应链平台等。

Question 107

如何接入"票付通"?

"票付通"业务由多方协同合作,票交所与合作金融机构、合作金融机构与B2B平台、B2B平台与客户之间应当分别签订"票付通"业务合作协议。同一个B2B平台只能与一家合作金融机构签约合作"票付通"业务。B2B平台可以自愿更换合作金融机构,但需要与原合作金融机构协商解除合作协议。

Question 108

已开通"票付通"业务的合作金融机构有哪几家?

截至2019年末,已有招商银行、中信银行、兴业银行、平安银行、江苏银行、宁波银行6家商业银行和中石化财务接入"票付通"业务。

六、信息统计及法律类

Question 109 票交所为市场提供哪些数据统计服务？

自成立以来，票交所一直以"为市场参与者提供更丰富的数据统计服务和市场研究分析"为目标，以票交所门户网站和微信公众号为主要发布渠道，并建立了相关数据统计与市场研究分析工作机制。自2017年7月起，通过门户网站"市场数据"栏目，向全市场发布电票业务月度统计数据，含承兑、贴现、转贴现、质押式回购业务当月发生额表及月末余额表；通过"分析研究"栏目以及公司微信公众号，向全市场发布月度、季度、半年度、年度票据市场运行分析报告；2018年1月1日起，通过"市场概览"栏目发布各项业务当日及当年累计数据。2018年10月完成纸电融合后，为市场提供更为全面的统计和分析服务。

Question 110

票交所后续可以为市场参与者提供哪些信息产品？

为做好数据信息服务，票交所正在制定信息产品开发规划，将按照"成熟一个，投产一个"的思路，依次开发各项信息产品。一是细分市场行情，完善数据质量，提高更新频率，扩大数据用途。二是加大对统计数据的挖掘力度，向市场提供按期限品种、交易机构类型、交易标的类别等不同维度的市场数据和交易数据，帮助交易主体分析走势、评估风险、了解市场。三是开发回购定盘、估值等指标，为交易、清算、定价估值、产品创新和风险管理提供参考依据。通过努力，逐步形成包括成交行情、报价信息、统计数据、基准数据、价格产品、参考数据及第三方合作数据在内的系列数据产品。

Question 111

什么是票据收益率曲线，有何作用？

期限结构理论（Term Structure of Interest Rate）认为，投资金融资产的收益率会因持有时间的不同而不同。通常来说，由于投资者希望补偿投资长期金融资产带来的利率风险，因此金融资产的到期期限和到期收益率之间存在显著的正相关关系，投资者持有长期资产应获得比短期资产更高的收益率，但也有特殊情况。需要用一条曲线来反映投资到期收益率和到期期限之间的关系。而反映持有票据资产的到期收益率和到期期限之间关系的利率曲线，称为票据收益率曲线。票据收益率曲线的作用主要有：

（1）为交易提供价格参考。由于票据收益率曲线是票交所根据实际成交价格进行数学方法处理后产生的，其对应各到期期限的票据利率水平最接近于票据的内在价值（公允价值），可以作为票据交易的参考价格水平。

（2）可作为商业银行持有和管理票据资产时估值的参考。将收益率曲线上对应到期期限的票据的收益率用贴现率公式换算成现值，就能估算出所持有票据资产的公允价值，用以满足新金融工具会计准则关于金融资产分类与计量等方面的要求。

（3）可作为货币市场的参考利率之一。我国货币市场上目前以报价形成的Shibor为主要参考利率。票据作为交易活跃、参与者众多且具有良好流动性的短期融资工具，其利率水平可作为短期融资市场上参考利率的有益补充。

（4）可用于预测远期利率和形成资产组合策略的参考。收益率曲线对未来短期利率具有显著的预测能力，基于收益率曲线进行的投资组合策略可以有效提高投资回报率。

（5）是风险管理的重要工具。收益率曲线能揭示关键利率的波动信息，据此计算债券及其组合风险值，并采取相应的风险管理措施，可以获得更高收益。

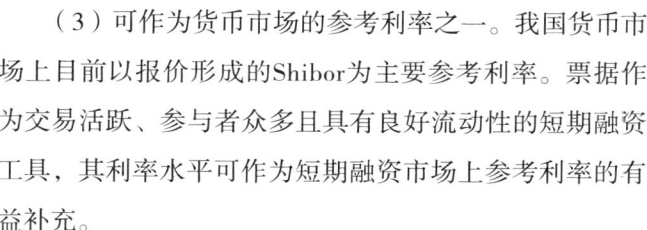

Question | 112

票据估值是什么，受到哪些因素的影响？

"估值"又称为对金融资产的"定价"，是通过对金融资产预期现金流的折现，来确定金融资产真实价值的过程。票据估值是通过用折现率对票据到期偿付的票面金额进行折现，来确定票据当前公允价值的过程。其中，折现率应根据收益率曲线确定。票据估值将受到票据面值、承兑人信用登记、到期期限、贴现率等因素的影响。票交所提供票据估值，将帮助会员单位按照财政部《企业会计准则第22号——金融工具确认和计量》、银监会《商业银行金融工具公允价值监管指引》要求进行金融资产的公允估值。

Question 113 票据市场价格指数是什么，对票据市场交易会产生什么影响？

统计学上，指数是反映由不能直接相加的多种要素所构成的总体数量变动状况的统计分析指标。票据价值指数就是对票据利率进行采样并计算出来的用于衡量票据市场价格波动的指数。构建票据价格指数的意义主要有：一是可以综合反映票据市场价格总体的变动方向和变动幅度；二是可以分析和测定各个因素对票据价格变动的影响；三是用于分析研究票据市场价格在长时间内的发展变化趋势；四是对市场进行综合评价和测定。票据利率作为市场化时间最早、程度较高的利率品种，部分发挥了基准利率的作用，因此反映票据利率变化的票据价格指数既可以代表票据市场的供需情况以及市场资金和信贷状况，一定程度上也能成为货币市场乃至金融市场的"晴雨表"。

六、信息统计及法律类

Question | 114

电子商业汇票法定提示付款期间是什么？持票人如果未在法定期间提示付款将产生什么法律后果？

电子商业汇票为定日付款票据，《票据法》第五十三条规定，定日付款票据的持票人应当自到期日起十日内向承兑人提示付款。《电子商业汇票业务管理办法》第五十八条和第六十条第二款沿袭了《票据法》提示付款期限的相关规定，并在第五十九条规定了持票人在票据到期日前提示付款的处理：此时承兑人可付款或拒绝付款，或于到期日付款。承兑人拒绝付款或未予应答的，持票人可待票据到期后再次提示付款。

持票人如果未在法定期间提示付款将影响追索权的行使。《电子商业汇票业务管理办法》第六十六条明确规定：持票人在票据到期日前被拒付的，不得拒付追索。持票人在提示付款期内被拒付的，可向所有前手拒付追索。持票人超过提示付款期提示付款被拒付的，若持票人在提示付款期内曾发出过提示付款，则可向所有前手拒付追索；若未在提示付款期内发出过提示付款，则只可向出票人、承兑人拒付追索。

Question 115

承兑人对电子商业汇票持票人提示付款的应答期限是什么？承兑人未应答的，接入机构的应答期限是什么？

《电子商业汇票业务管理办法》第六十条规定，持票人在提示付款期内提示付款的，承兑人应在收到提示付款请求的当日至迟次日（遇法定休假日、大额支付系统非营业日、电子商业汇票系统非营业日顺延）付款或拒绝付款。持票人超过提示付款期提示付款的，接入机构不得拒绝受理。持票人在作出合理说明后，承兑人仍应当承担付款责任，并在上款规定的期限内付款或拒绝付款。

电子商业承兑汇票承兑人在票据到期后收到提示付款请求，且在收到该请求次日起第3日（遇法定休假日、大额支付系统非营业日、电子商业汇票系统非营业日顺延）仍未应答的，接入机构应按其与承兑人签订的《电子商业汇票业务服务协议》，进行如下处理：

（一）承兑人账户余额在该日电子商业汇票系统营业截止时足够支付票款的，则视同承兑人同意付款，接入机构应扣划承兑人账户资金支付票款，并在下一日（遇法定休假日、大额支付系统非营业日、电子商业汇票系统非营业日顺延）电子商业汇票系统营业开始时，代承兑人作出付款应答，并代理签章；（二）承兑人账户余额在该日电子商业汇票系统营业截止时不足以支付票款的，则视同承兑人拒绝付款，接入机构应在下一日（遇法定休假日、大额支付系统非营业日、电子商业汇票系统非营业日顺延）电子商业汇票系统营业开始时，代承兑人作出拒付应答，并代理签章。

Question 116
票据权利的行使期限是什么？如果持票人未及时行使的话会产生什么法律后果？

票据权利有付款请求权和追索权之分，票据债务人有主次之别，票据时效因不同的权利对不同的债务人有长短之差。根据我国《票据法》第十七条的规定，汇票权利时效有如下三种情况：一是持票人对出票人和承兑人的付款请求权和追索权为2年，从到期日起算；二是持票人对出票人以外其他前手的追索权为6个月，从被拒绝承兑或者被拒绝付款之日起算；三是被追索人对其前手的再追索权为3个月，从清偿日或者被提起诉讼之日起算。

持票人未在上述期间及时行使票据权利的，随着票据时效期间经过，将丧失相应的票据权利。我国《票据法》第十八条进一步规定，持票人因超过票据权利时效或者因票据记载事项欠缺而丧失票据权利的，仍享有民事权利，可以请求出票人或者承兑人返还其与未支付的票据金额相当的利益。

Question | 117
票据电子形式背书是指什么？其法律效力如何？纸票电子形式背书后如何完成交付？

根据《票据交易管理办法》的规定，电子形式背书是指在票据市场基础设施以数据电文形式记载的背书与纸质形式背书具有同等法律效力。

纸票电子形式背书后，由票据权利人通过票据市场基础设施通知保管人变更寄存人的方式完成交付。

Question | 118
票据债务人的范围和责任有哪些？

我国《票据法》第四条规定，出票人和其他票据债务人在票据上签章的，依票据所记载的事项承担票据责任。第六十八条规定，汇票的出票人、背书人、承兑人和保证人对持票人承担连带责任。第六十条规定，付款人依法足额付款后，全体汇票债务人的责任解除。

因此，票据债务人是指依据票据行为而应承担或担保票据权利的人，包括出票人、承兑人、保证人和背书人。市场参与者使用《票据交易主协议（2016年版）》进行交易的持票人放弃对前手背书人行使追索权，但保留对票据出票人、承兑人、承兑人的保证人、贴现人、贴现人的保证人（若有）及贴现人前手背书人的追索权。所以通过《票据交易主协议（2016年版）》达成的交易中，已被持票人免除追索义务的背书人，不属于票据债务人的范围。

Question 119

票据追索权的概念是什么？被追索对象有哪些？

追索权是票据到期不获付款、到期前不获承兑，或有其他法定的足以使付款请求权不能实现的原因时才能行使的票据权利。

票据追索权是为了保护票据付款请求权而设立的。票据付款请求权是持票人的基本权利，当付款请求权落空或可能落空时持票人可通过追索权向其他票据债务人追索票据金额、应得利息以及因追索所花费的费用。

《票据法》第六十一条规定，汇票到期被拒绝付款的，持票人可以对背书人、出票人以及汇票的其他债务人行使追索权。因此持票人行使追索权的被追索对象为出票人、承兑人、背书人及相关保证人。市场参与者使用《票据交易主协议（2016年版）》进行交易的，持票人放弃对前手背书人行使追索权，但保留对票据出票人、承兑人、承兑人的保证人、贴现人、贴现人的保证人（若有）及贴现人前手背书人的追索权。

Question 120

持票人在哪些情况下可以进行追索，追索权应如何行使？

根据我国《票据法》的规定，汇票到期被拒绝付款的，持票人可以对背书人、出票人以及汇票的其他债务人行使追索权。在到期日前，有下列情形之一的，持票人也可以行使追索权：

（1）汇票被拒绝承兑的；

（2）承兑人或者付款人死亡、逃匿的；

（3）承兑人或者付款人被依法宣告破产的或者因违法被责令终止业务活动的。

持票人行使追索权时，应当提供被拒绝承兑或者被拒绝付款的有关证明。持票人提示承兑或者提示付款被拒绝的，承兑人或者付款人必须出具拒绝证明，或者出具退票理由书。未出具拒绝证明或者退票理由书的，应当承担由此产生的民事责任。

在票交所业务模式下，根据《票据交易主协议（2016年版）》的约定，持票人在提示付款期内通过票交所提示付款。提示付款后承兑人拒绝付款的，持票人可以按照保证增信行（若有）、贴现人、贴现人的保证人（若有）的顺序进行追索或追偿。持票人放弃对前手背书人行使追索权，但保留对票据出票人、承兑人、贴现人、贴现人的保证人（若有）及贴现人前手背书人的追索权。

Question | 121

《票据交易管理办法》规定票据到期后的偿付顺序是什么？

《票据交易管理办法》规定的票据到期后的偿付顺序如下：

（1）票据未经承兑人付款确认和保证增信即交易的，若承兑人未付款，应当由贴现人先行偿付。该票据在交易后又经承兑人付款确认的，应当由承兑人付款；若承兑人未付款，应当由贴现人先行偿付。

（2）票据经承兑人付款确认且未保证增信即交易的，应当由承兑人付款；若承兑人未付款，应当由贴现人先行偿付。

（3）票据保证增信后即交易且未经承兑人付款确认的，若承兑人未付款，应当由保证增信行先行偿付；保证增信行未偿付的，应当由贴现人先行偿付。

票据保证增信后且经承兑人付款确认的，应当由承兑人付款；若承兑人未付款，应当由保证增信行先行偿付；保证增信行未偿付的，应当由贴现人先行偿付。

Question 122

非法人类参与者开展票据交易如何承担法律责任？

根据《票据交易管理办法》的规定，非法人类参与者是指金融机构等作为资产管理人，在依法合规的前提下，接受客户的委托或者授权，按照与客户约定的投资计划和方式开展资产管理业务所设立的各类投资产品，包括证券投资基金、资产管理计划、银行理财产品、信托计划、保险产品、住房公积金、社会保障基金、企业年金、养老基金等。

非法人类参与者开展票据交易，由其资产管理人代表其行使票据权利并以受托管理的资产承担相应的民事责任。资产管理人从事资管业务的部门、岗位、人员及其管理的资产应当与其自营业务相互独立。

Question 123

哪些票据欺诈行为须承担刑事责任？

根据我国《票据法》的规定，有下列票据欺诈行为之一的，依法追究刑事责任：

（1）伪造、变造票据的；

（2）故意使用伪造、变造的票据的；

（3）签发空头支票或者故意签发与其预留的本名签名式样或者印鉴不符的支票，骗取财物的；

（4）签发无可靠资金来源的汇票、本票，骗取资金的；

（5）汇票、本票的出票人在出票时作虚假记载，骗取财物的；

（6）冒用他人的票据，或者故意使用过期或者作废的票据，骗取财物的；

（7）付款人同出票人、持票人恶意串通，实施前六项所列行为之一的。

后记

《票据业务知识100问》由上海票据交易所编写，于2018年6月出版，至今已有两年多的时间了。此书包括109个问题口径，以问答的形式全面介绍了"票交所时代"票据相关业务知识与业务规则，内容丰富翔实、通俗易懂、贴近工作实际，具有较强的针对性和可操作性，自推出以来一直深受广大读者的欢迎，充分发挥了指导票据实务工作和普及票据业务知识的积极作用。目前，此书销量已逾11000册，在中国金融出版社票据类图书销售排行榜中名列前茅。

两年多来，随着票交所系统功能的不断完善、业务规则的持续优化以及创新产品的接连推出，《票据业务知识100问》的部分问题口径已不再适用或已发生变化，需要更新调整，部分新口径也需要补充增加。为帮助广大读者掌握最新最准确的票据业务知识和操作技能，上海票据交易所结合工作实际，组织修订了《票据业务知识100问》，内容进一步丰富和完善，更贴近票据市场最新发展情况和票据业务工作实际。真诚地希望此书能为广大读者开展票据实务工作、了解票据业务知识提供更多更有价值的帮助和指导，助益广大读者成长进步、助力票据市场发展。

由于编写时间相对较紧，此书难免存在疏漏之处，敬请广大读者批评指正并提出宝贵意见。

上海票据交易所

2020年7月